PHILOSOPHIE
DE LA
GUERRE[1]

PAR

Michel REVON

Professeur de Droit à l'Université impériale du Japon

Conseiller du Ministère de la Justice

---

[1] Cette Philosophie de la Guerre constitue l'introduction du traité de l'Arbitrage International, son passé, son présent, son avenir, couronné par l'Institut de France.

SAINT-QUENTIN
IMPRIMERIE A. DUBOIS & Cie

1896

PHILOSOPHIE
DE LA
GUERRE[1]

PAR

Michel REVON

*Professeur de Droit à l'Université impériale du Japon,
Conseiller du Ministère de la Justice*

---

[1] Cette Philosophie de la Guerre constitue l'introduction du traité de l'**Arbitrage International, son passé, son présent, son avenir**, couronné par l'Institut de France.

A MON EXCELLENT AMI

ÉMILE ARNAUD

Président de la Ligue Internationale
de la Paix et de la Liberté

Souvenir d'affection et de profonde estime.

M. R.

SOCIÉTÉ DE PAIX
ET
D'ARBITRAGE INTERNATIONAL

du FAMILISTÈRE DE GUISE (Aisne)

Nous publions ci-après l'introduction du livre de Monsieur Michel Revon sur l'Arbitrage international.

L'idée de cette publication est due à notre Secrétaire-trésorier, Monsieur Sarrazin-Duhem. En signalant ce fait au public, je rends justice à la persévérance de notre ami dans la propagande qu'il n'a cessé de faire pour exposer aux yeux et au cœur de tous les grandes idées de pacification et d'union de tous les peuples, sous le régime de la justice internationale qui, par une entente des bonnes volontés, pourrait si facilement nous débarrasser des maux qu'engendre la guerre ; vieux procédé barbare dont les galons et les chamarrures ne peuvent dissimuler la sauvagerie; reste du duel judiciaire étendu aux nations et qui, loin de trancher les difficultés, les renouvelle sans cesse et entretient les ferments de haine dans l'humanité.

A la base de la morale universelle, souche de toutes les religions, est posée la fraternité des hommes : mais à travers la vie des siècles, les hommes même les plus religieux et les plus pratiquants semblent acharnés à prouver que cette fraternité n'est qu'un vain mot et que la lutte pour la vie, qui broie et écrase les faibles, est d'essence originelle, lorsque, réellement, elle n'est que la conséquence de nos passions et de notre égoïsme.

Espérons que l'avenir et la lumière aidant, cette lutte absurde, indigne de la réelle civilisation, disparaîtra, et que les hommes, enfin régénérés par la Fraternité et la Solidarité mêmes, la remplaceront par « l'Union pour la Vie ».

BERNARDOT,

Président.

Pour donner satisfaction aux sympathies de Monsieur Michel REVON, nous inscrivons en tête de cette publication, la dédicace qu'il adresse à notre collègue et ami Monsieur ÉMILE ARNAUD.

Tòkyò, le 15 Mars 1895.

Monsieur SARRAZIN, secrétaire-trésorier de la Société de paix du Familistère de Guise.

CHER MONSIEUR,

Je vous envoie de grand cœur l'autorisation demandée. Le désir que vous m'exprimez honore mon livre. C'est à moi de vous remercier.

D'ailleurs, j'estime que toute semence de l'esprit, une fois jetée, appartient à l'humanité, et que l'abandon des droits d'auteur n'est qu'un devoir élémentaire, s'il peut servir la cause du droit.

Cela dit, permettez-moi de vous exprimer mes plus vives félicitations pour le merveilleux progrès de votre œuvre. Votre société de la paix est l'une des lumières posées, çà et là, dans la barbarie du XIXe siècle, le long de l'obscur chemin où nous marchons environnés de ténèbres, mais confiants, tenaces, oublieux de la nuit, en route vers les aurores de demain. Notre rêve aura son jour dans l'histoire de la civilisation humaine. Ce jour-là, nos enfants se souviendront de leurs pères, les apôtres d'aujourd'hui, et, quelque profonde que soit l'ingratitude des hommes, ils auront une parole de gloire et de bénédiction pour la vieille société de paix du Familistère de Guise !

Je vous écris en pleine guerre, au bruit du formidable choc qui a fait se rencontrer deux grands Empires d'Orient, et qui vient de bouleverser dans ses fondements l'antique équilibre de l'Asie. La capitale est en fête ; presque chaque jour, le télégraphe nous annonce une nouvelle victoire ; l'orgueilleuse Chine demande grâce..... Vous recevrez ma lettre au sein de la vieille Europe, divisée, ruinée, écrasée par une paix armée pire que la guerre.... L'Orient est en feu ; l'Occident penche à l'abîme ; le monde entier souffre. Mais de tous ces maux monte un espoir. L'Europe commence à comprendre sa folie et à chercher le salut. L'Asie, réveillée de sa torpeur, entre dans une ère nouvelle ; car le Japon moderne, depuis longtemps humilié par les injustices d'une Puissance encore barbare, cent fois trompé, bafoué par une diplomatie sans scrupules, entraîné enfin dans une guerre inévitable contre l'insolente rivale qui niait tout droit des gens, proclame hautement, en plein triomphe, son désir de clore la guerre, maintenant qu'il peut vivre en paix et reprendre sans entraves son magnifique essor vers la civilisation de l'Occident. A Paris comme à Tôkyô, une même pensée se fait jour au sein des misères présentes, celle qu'exprimait si bien un vieux dicton japonais profondément vrai dans son optimisme : « Laissez dormir le malheur quelques années : il se changera en un bienfait !.... »

Où est caché le germe de cette métamorphose ? Dans l'âme des peuples, dans le bon vouloir des hommes, dans l'opinion publique. Et c'est pourquoi votre propagande est sainte ! La guerre est le fait qui nous opprime ; la paix est le droit, l'idéal solide, la force qui nous relèvera. Pour l'obtenir, que faut-il ? Beaucoup d'efforts individuels qui, s'unissant, feront de la minorité d'aujourd'hui une majorité toute puissante. L'humanité aura la paix dès qu'elle l'aura comprise et adorée ; il lui suffit de l'appeler de ses vœux, de la désirer, de la vouloir. Pour finir encore par un beau proverbe du Japon : « Invoquez un ange, et bientôt vous entendrez le frémissement de ses ailes !... ».

C'est dans cet espoir, cher Monsieur, que je vous prie de présenter à vos honorables collègues et d'agréer vous-même l'expression de mes sentiments fraternels.

MICHEL REVON.

PHILOSOPHIE
DE LA
GUERRE [1]

PHILOSOPHIE DE LA GUERRE

I. — LE PROBLÈME

Il existe, au sein de l'immensité, un grain de sable qui s'appelle la terre. Un grand semeur le sema de sa main puissante, et depuis lors, il roule dans l'infini. Des millions de grains pareils à lui, plus gros ou plus petits, égaux en néant, plus jeunes ou plus vieux, tous aussi éphémères, jetés comme lui dans le temps et dans l'espace par l'Etre infini et éternel, peuplent l'insondable étendue. Le tout simple nuage de poussière, pour qui considère les choses au regard de Dieu. La terre, notamment, globe ridicule perdu dans un coin de ce nuage, est habitée par des atomes vivants d'une petitesse dérisoire. Sur cette sphère microscopique s'agite une race de lilliputiens. Le néant de la vie pullule sur le néant de la matière. Si ces pauvres êtres réfléchissaient trop souvent à la formidable danse de mondes

---

[1] Cette *Philosophie de la Guerre* constitue l'introduction du traité de L'ARBITRAGE INTERNATIONAL, son passé, son présent, son avenir, par M. MICHEL REVON, Professeur de Droit à l'Université Impériale du Japon, Conseiller du Ministère de la Justice, ouvrage couronné par l'Institut de France, et publié à Paris, chez ARTHUR ROUSSEAU.

dans laquelle ils sont entraînés, ils deviendraient fous d'épouvante. Leur fragile demeure erre, en effet, flottante dans le vide, soutenue seulement par l'attraction lointaine des petits astres qui font son univers, emportée dans un tourbillon, vers l'inconnu. La plus voisine des étoiles qu'elle aperçoit est à 8 trillions, 603 milliards, 200 millions de lieues, distance que la lumière, lancée à une vitesse de 77.000 lieues par seconde, met trois ans et huit mois à parcourir. Tout ce ciel d'astres tombe éternellement dans l'abîme. La petite planète, tournoyant d'abord sur elle-même, puis autour de son soleil à raison de 660.000 lieues par jour, est enfin entraînée par un dernier mouvement, qui emporte tout le système, et qui le précipite dans l'espace avec une vitesse de 60 millions de lieues par an ; comptez une seconde : vous venez de franchir deux lieues dans le ciel. La terre vole ainsi, fatalement, éternellement, glissant dans le vide par une course infernale à la poursuite de l'insaisissable, impuissante à heurter le fond de l'immensité toujours béante, qui se dérobe sans cesse et fuit sous l'épouvantable chûte, et comme résultat, au bout de millions de siècles, ayant avancé de zéro, devant l'infini. Supposez cette sphère grosse comme le Panthéon ; les hommes y sembleraient des fourmis. Les voilà donc tombant dans le vide, accrochés à leur misérable atome, retenus à lui comme d'invisibles parcelles de fer à un minuscule aimant, maintenant ici, une heure après sept mille lieues plus loin, un instant la tête en haut et douze heures après la tête en bas, s'il est permis d'évoquer des apparences aussi relatives en présence de l'absolu. Pauvres petits cirons humains, cramponnés à leur molécule rapide ! Comme ils sont humbles dans l'immensité ! Et puisque Dieu leur a donné une raison qui, à son tour, dépasse l'univers lui-même, puisqu'ils pèsent les astres, calculent leurs distances et mesurent leur formidable marche, comme ils doivent s'effrayer de cette grandiose vision, sentir l'horreur sacrée du vide où ils s'égarent, frémir et trembler d'effarement devant le terrible branle du ciel! Comme ils doivent, en face de l'implacable nature, se rapprocher, se serrer les uns contre les autres, opposer aux vertiges du gouffre les consolations de la bonté! Comme ils vont bien vite ordonner leur existence, ces pauvres errants de l'infini, pour user sagement de sa brièveté, pour travailler pendant qu'ils ont la lumière, partager entre eux les fruits du labeur commun, se soutenir les uns les autres, et vivre en paix leur courte vie de rêve, en attendant le prochain passage aux nouveaux mystères d'un autre monde! Comme ils vont, écrasés par les lois de la matière, se redresser par les puissances de l'âme, par toutes les élévations de leur pensée, par toutes les aspirations de leur cœur, par la charité, par l'art, par la science! Comme ils vont chercher et chérir la paix, la liberté, la justice! Comme ils vont s'unir! Comme ils vont s'aider! Comme ils vont s'aimer!...

Ils se battent.

Ils forgent des épées, aiguisent des lances, taillent des flèches; ils appellent à leur aide le fer, le feu, le poison; ils s'arment, ils s'organisent en troupes, ils marchent les uns contre les autres; les voilà aux prises, tout frémissants d'ardeur, heureux de s'égorger et de faire couler le sang. En effet, cette ironie terrible existe: la guerre. Les hommes ne peuvent vivre en frères; il faut qu'ils soient ennemis. Leur esprit rêve la mort; leur cœur palpite pour la haine; leur volonté ne tend qu'au mal. Cette force que Dieu leur a donnée, ce n'est pas contre les éléments qu'ils l'emploient; obstinément, ils la tournent contre eux-mêmes, et s'ils se servent de la nature, c'est pour leur propre destruction. Ainsi l'homme égorge l'homme, le frère tue son frère, et l'assassin se relève, joyeux. Depuis l'origine des temps, l'humanité se suicide. C'est sa manière de comprendre le bonheur. Et je ne parle pas des cannibales, qui, faute d'autre nourriture, mangent la chair de leurs semblables ; ceux-là ont une excuse : la faim. Je parle des hommes dits civilisés, qui se permettent de blâmer ces sauvages, et qui, l'instant d'après, s'entre-tuent sans besoin, sans cause, pour le plaisir de s'entre-tuer. La raison absout le cannibale ; le civilisé, non ; car sa cruauté est sans motif. Quelle démence sur cette malheureuse planète ! A mesure que le progrès fait son œuvre, le mal se perfectionne aussi. La science devient servante de la haine. Chaque jour, les hommes inventent de nouveaux moyens de meurtre, le canon, la poudre, les balles, les projectiles explosibles, les boulets à chaîne pour les guerres terrestres, pour les combats de mer les boulets rouges et les couronnes foudroyantes. Ces découvertes ingénieuses plaisent à leur imagination ; c'est à qui trouvera quelque engin ignoré pour multiplier les blessures et les souffrances. Après quoi, tous les préparatifs étant faits, les malheureux se rangent sur deux lignes, et, furieusement, se précipitent. L'affreuse mêlée s'accomplit ; dans le champ de carnage, des milliers de victimes palpitantes tombent sur le sol ; au-dessus, la mort plane et rayonne. Enfin la bataille est achevée ; pendant que les corbeaux travaillent, les diplomates signent un traité de paix ; chaque soldat revoit sa patrie. Comme la guerre n'avait aucune cause profonde, les choses reviennent à l'état antérieur. On a mutilé des corps vivants, éteint des existences sacrées ; on n'a pas changé la carte du monde ; quelques concessions réciproques, et voilà le débat fini. Nul n'y songera désormais, sauf les pauvres diables qui, toute leur vie, n'auront plus qu'un bras ou une jambe, les mères qui n'auront plus d'enfants et les femmes qui n'auront plus d'époux. Au demeurant, deux pays seront ruinés, deux populations décimées ; mais les contribuables d'Europe s'inquiètent peu de tels détails ; s'ils sont vainqueurs, ils se consolent de ces maux par les souvenirs du triomphe ; s'ils sont vaincus, par l'espérance d'un avenir qui les vengera. Cependant, dites-leur qu'en ce moment, dans la sombre Afrique, on fait encore des sacrifices humains, que les prêtres du Dahomey, pour donner à leurs divinités des temples dignes d'elles, élèvent de petits édifices sacrés en terre pétrie de sang servile ; ils s'indignent, plaignent les victimes et maudissent les oppresseurs ; ils ne songent pas, les insensés, que leurs héros bâtissent de même manière, que la gloire de leurs maîtres a pour soubassement un formidable entassement de cadavres, et que c'est leur sang, leur sang d'esclaves, qui sert de mortier à ces monstrueuses constructions !

Ainsi vivent les hommes, sur leur grain de sable.

Contraste risible, s'il n'était horrible. Tout autour de la minuscule planète, l'immense paix de l'infini ; et sur ce globe misérable, parmi cette dérisoire agglomération d'insectes, la guerre ! Sur terre, l'éternelle lutte dans la nuit, la sombre bataille des pygmées qui veulent se faire grands, la hideuse mêlée indescriptible de la fourmilière en délire, tous les cris de la bête humaine déchaînée, tous les bruits, toutes les lueurs de la poudre, de la flamme et de l'acier, le combat sans trêve des passions, des intérêts, des instincts, et chose plus sinistre, l'égorgement sans cause, pour la consigne, exécuté par de pauvres êtres qui se tuent sans se haïr. Et au-dessus, pour peu qu'on s'élève en ballon de quelques kilomètres, dans la lumière, la fin de l'ombre, l'évanouissement du tumulte, l'expiration progressive de ce vacarme qui pensait troubler la paix divine, de tous ces vains bruits maintenant engloutis, perdus dans la tranquillité suprême de l'étendue et dans le calme inaltérable du ciel. Il y a là un fait étrange, et qui doit couvrir un sens caché. Cette folie de l'humanité dépasse les bornes de la bêtise. La démence, à ce degré d'énergie tenace, veut être sondée un peu profondément ; car qui sait si elle ne recèle pas quelque grande raison secrète ? La guerre est trop absurde pour n'être pas mystérieuse. Comment l'expliquer ?

Plus d'un penseur s'est acharné à ce problème. En face de la sanglante énigme, on a voulu pénétrer son esprit. Dans son éclatante absurdité matérielle, on a cherché une cause d'ordre spirituel. On a voulu faire un percement lumineux dans cette enveloppe obscure, pour y saisir l'idée qui l'anime. On a pensé que Dieu n'avait pu permettre un tel chaos sans motif ; on a tenté de découvrir ce motif. Rien de plus légitime ; car pour bien juger des choses, un simple coup d'œil ne suffit point ; quand on a vu leur aspect extérieur, il faut atteindre leur nature intime. En apparence, une tempête est le comble du désordre ; pourtant, elle a ses lois. Dans l'histoire comme dans la nature, tout phénomène cache un principe intérieur. Notre fière civilisation semblerait tissue d'usages grotesques, aux yeux d'un être qui n'en comprendrait point le sens. Regardez un chemin de fer, et supposez un instant que vous en ignorez l'office. Qu'est-ce que cet appareil bizarre, noir, laid, bruyant, sifflant, hurlant, qui court sur des tringles, en vomissant de la fumée et en faisant un fracas infernal ? Voilà bien de l'argent dépensé en pure perte, et pour produire un vilain spectacle, sans compter les gens qu'on va écraser ! Mais apprenez ensuite la fonction de la terrible machine ; elle vous apparaîtra aussitôt comme un superbe char de feu, tout ruisselant de poésie, glorieux pour qui l'a su concevoir, bienfaisant pour qui en profite, merveilleux instrument de progrès, utile, soulevant, fécond, destiné à bouleverser le monde moderne. De même, la guerre est laide ; elle est cruelle ; elle est bête. Mais cette apparence toute physique n'enferme-t-elle pas un sens logique ? Qui n'a vu d'elle que l'image des batailles la connaît-il véritablement ? Ne serait-elle pas le signe extérieur, la manifestation d'une grande loi ? N'aurait-elle pas une orientation divine ? Ne porterait-elle pas, elle aussi, une idée, dans son horrible et prodigieux passage à travers les civilisations ?

De bons esprits l'ont cru ; et ce n'est pas une médiocre présomption en faveur de l'idée guerrière, que le nombre et la valeur des hommes qui ont osé la soutenir. En face des partisans de la paix, les sombres docteurs de la guerre se dressent. Contre la légion des grands pacifiques, pratiques ou rêveurs, rieurs ou sublimes, qui veulent faire crouler la colossale idole, contre Isaïe, Aristophane, Platon, Cicéron, les Pères, Montaigne, Sully, La Fontaine, Pascal, La Bruyère, l'abbé de Saint-Pierre, Rousseau, Mirabeau, Lafayette, Kant, Bentham, Bastiat, Michel Chevalier, Lamartine, Victor Hugo, Richard Cobden, Henry Richard, John Bright, et tant d'autres dont les noms aimés arrivent en foule à la mémoire, toute une cohorte d'esprits belliqueux s'élève, ardente, prête à défendre la statue menacée par de si puissants démolisseurs, célébrant la divinité latente dont elle est le signe, la grande raison providentielle qu'elle représente dans l'humanité ; là, les génies et les talents les plus divers se coudoient dans un pêle-mêle étrange : Héraclite, Aristote, Machiavel, Joseph de Maistre, Hegel, Victor Cousin, Proudhon, de Moltke, pour n'en citer que quelques-uns, tous pressés autour de l'idée maîtresse qui a séduit leur imagination, tous unis pour la maintenir, comme une vieille garde de la légende héroïque et de l'antique rêve guerrier. Quand on sort de ces sombres livres, la guerre apparaît transfigurée. Ce n'est plus le fléau sinistre, absurde, qu'on apercevait tout d'abord ; c'est une révélation divine. On n'est plus irrité, mais ébloui par ce prodigieux phénomène. On le contemple avec effroi sans doute, mais aussi avec un certain respect, car on se sent en face du mystère. Débat épique, qui se poursuit à travers les siècles entre des esprits d'égale valeur, sans aboutir malheureusement à aucune conclusion précise. Ce qui s'explique ; car la guerre est une monstruosité géante, et qu'on n'enferme pas dans une formule comme un *homunculus* dans une bouteille ; on peut bien tenter d'en saisir le sens, mais non prétendre l'avoir fixé à jamais. Nous ne pouvons retracer ici tous les aspects de cette discussion brillante ; nous en retrouverons d'ailleurs quelques reflets en esquissant l'histoire de l'arbitrage ; qu'il nous suffise, pour l'instant, de condenser les idées générales qui se dégagent des deux grandes thèses en présence. Pour ordonner avec quelque clarté ce chaos d'arguments contradictoires, nous les rangerons autour de trois dominantes logiques : le vrai, le beau, le bien ; c'est-à-dire la guerre au triple point de vue de la science, de l'art et de la justice sociale.

II. — DISCUSSION

I. Thèse : *Apologie de la Guerre.*

A. — En face de la vérité pure, la guerre semble absurde. Cette absurdité même, aux yeux de ses apôtres, prouve une raison profonde et une surhumaine grandeur. En effet, contemplons-la tour à tour par les yeux de la raison et par les yeux de la foi. Que dit la philosophie ? Que dit la religion ? La philosophie, effrayée de ce mystère, s'incline. Les premiers penseurs, souvent plus intuitifs, partant plus profonds que les modernes, reconnaissent dans ce phénomène inexplicable un fait divin. Or le divin, par cela seul qu'il dépasse notre pauvre entendement, ne relève pas de ces jugements étroits. Il s'impose : il germe spontanément dans le monde ; il est supérieur au bon sens de l'homme, qui n'a pas le droit de s'insurger contre lui. Si la guerre n'était qu'un conflit de forces physiques, une bataille d'intérêts et de passions, la conscience de l'humanité l'aurait depuis longtemps supprimée. Mais elle est autre chose : un élément moral, une lumière d'en haut, une manifestation horrible et splendide de la justice qu'elle semble voiler. Par ses causes, par sa nature, par son but, elle est sainte. Devant le miracle, il faut adorer. « La guerre, dit Joseph de Maistre, est divine en elle-même, parce qu'elle est une loi du monde. La guerre est divine dans la gloire mystérieuse qui l'environne, et dans l'attrait non moins inexplicable qui nous y porte. La guerre est divine dans la protection accordée aux grands capitaines, même aux plus hasardeux, qui sont rarement frappés dans les combats, et seulement lorsque leur renommée ne peut plus s'accroître, et que leur mission est finie. La guerre est divine par la manière dont elle se déclare ; combien ceux qu'on regarde comme les auteurs de la guerre sont entraînés par les circonstances ! La guerre est divine par ses résultats, qui échappent absolument aux spéculations des hommes. » Et cette divinité éclate dans la conscience même de l'humanité, qui n'a jamais considéré le meurtre héroïque comme assassinat, mais comme vertu. Donc, salut à la guerre, noble, grandiose, providentielle, immortelle et purifiante comme la douleur, comme le sacrifice, comme le mal ! Vous regrettez de ne pouvoir concilier ses tueries avec la pitié, ses violences avec la rigueur du droit, ses homicides, ses pillages, ses incendies avec le code ? Mais la guerre est une de ces antinomies irréductibles, faites de ténèbres. Ne cherchez pas à la sonder ; ses ironies sont impénétrables. Le seul moyen de la comprendre est d'avouer qu'on ne la comprend pas.

Les religions ont bien senti ce mystère. Ici, comme en bien d'autres questions, elles ont eu cet admirable instinct qui leur conseille un franc aveu d'ignorance en face des choses que la science ne peut percer. Elles ont admis, partout et de tout temps, la divinité de la guerre. Les anciens Perses fondent toute leur théologie sur l'éternel duel des dieux; de même les Hindous. Chez les Hébreux, Jéhovah s'appelle le dieu des armées ; l'Éternel est un guerrier. Pour les vieux Scythes, le dieu suprême, Tivus, est le plus grand parce qu'il est le plus fort. Les hommes du Nord n'aspirent qu'au Walhalla, le paradis des batailles. Et quand le Christ paraît, comme un vainqueur, c'est pour apporter « non la paix, mais la guerre ». Sa religion, en effet, va enfanter ce songe d'héroïsme, la chevalerie ; le pape bénira les paladins. Otez l'idée de guerre : les religions disparaissent ; et sans les religions, que devient la civilisation du monde ? On objecte que des peuples belliqueux ont dû faire les dieux à leur image ; ils ont moulé leur théologie sur la réalité qui les charmait. Mais qui ne voit l'idée latente que recèlent ces conceptions variées ? La guerre, loi universelle, manifestée partout, dans les hauteurs du ciel par les épiques rencontres des foudres errantes, par les mille duels orageux de la puissante nature déchaînée, sur terre par le carnage éternel des animaux qui se mangent entre eux, dans l'âme de l'homme par le combat du bien et du mal, dans les rapports des peuples par les batailles ; partant, règle générale, nécessaire, inévitable, et que le bon sens des individus ne peut refuser d'admettre sans contredire le sens commun des nations. Ainsi, la guerre est le remuement fécond, la secousse qui agite et vivifie la nature, la mère de toutes les transformations du monde physique, du monde intérieur, du monde social. C'est pourquoi les dogmes les plus profonds s'en inspirent : le dogme de la chute, explication obscure, et pourtant moins mauvaise que toutes les autres, de ce règne du mal dont la tuerie humaine est le plus formidable aspect ; le dogme du sacrifice, qui peu à peu, de l'idée du sacrifice humain s'élève à celle du sacrifice divin ; par dessus tout, le dogme de la rédemption, couronnement de cette longue évolution religieuse qui, commencée par la lutte symbolique des dieux, et continuée par les combats plus grandioses de la conscience humaine tourmentée, se termine enfin par le suprême triomphe de ce prodigieux guerrier du monde des âmes, Jésus Christ.

B. — La guerre est donc vraie, d'une vérité mystérieuse et supérieure. Elle tient au plus profond de la conscience universelle ; elle est humaine, parce qu'elle est divine ; la raison et la foi en font l'aveu. Etant vraie, elle est belle. Nouveau charme que les hommes lui reconnaissent, d'instinct ; car de tout temps, ils l'ont adorée comme une des splendeurs de l'idéal. A l'origine, les poètes la chantaient ; ce fut la naissance de l'épopée. Point de peuple jeune qui n'ait eu son Iliade, premier essor vers le beau et le grand. La guerre a mis au monde le sublime ; c'est du choc des armées que l'étincelle géniale a jailli. Plus tard, c'est encore à la lutte, sous toutes ses formes, que l'art dut ses plus hautes inspirations : antagonisme des nations ennemies, des grands partis dans une même nation, antagonisme des religions entre elles, de la foi et du doute au sein d'une même religion, antagonismes pour et contre tout ce qui constitue la patrie, l'humanité, la grandeur des peuples, la noblesse des âmes, la morale de chacun, le droit de tous. Entre cette guerre éternelle des choses et les créations de l'art, il y eut toujours comme un rapport nécessaire. Poètes, historiens, orateurs, peintres, musiciens, artistes de toute espèce n'ont échappé au prosaïsme vulgaire que sous le coup de fouet de l'esprit guerrier. La foule, qui est artiste aussi, a bien compris cette beauté terrible. Quand l'époux du Cantique veut exalter magnifiquement sa bien-aimée, il la compare à une armée rangée en bataille. C'est ainsi que le peuple a toujours été épris de l'armée comme d'une maîtresse. Aujourd'hui encore, il ne peut se rassasier de revues il sent bien que là est la source de toute poésie virile, et que les siècles à chefs-d'œuvre sont des siècles à victoires ; volontiers il dirait, comme le soldat de Pascal, « qu'il n'y a rien de grand que la guerre. » L'Américain, seul, ne la comprend pas ; aussi n'est-il qu'un producteur sans âme, un marchand rebelle aux choses d'en haut ; car où sont ses poèmes, ses épopées, ses chefs d'œuvre ? « L'Américain, dit P.-J. Proudhon, sait à merveille produire du blé, du maïs, du coton, du sucre, du tabac, des bœufs, des porcs. Il fait de l'argent ; il multiplie la richesse ; il façonne la terre et déjà l'épuise, bâtit des cités, peuple et pullule à épouvanter l'école de Malthus. Mais où est son idée ? où sa poésie, où sa religion, où sa destinée sociale, sa fin ? A-t-il appris, sur sa terre libre, à résoudre le problème du travail, de l'égalité, de l'équilibre social, de l'harmonie de l'homme et de la nature ? Assurément, il est nécessaire que l'homme se loge, se vête, se nourrisse, se donne du confort ; il est prudent à lui d'épargner, d'emplir ses greniers, d'assurer ses Magasins. Mais pour quoi devenir, pour où aller, grand Dieu ? L'américain, déjà si ennuyé, saurait-il le dire ? Tout cela est le moyen, l'instrument de la vie ; ce n'en est ni le but ni la signification. De la richesse ! Rien de plus aisé à acquérir, là où la terre abonde, où l'homme, comblé par une nature vierge, ne cherche l'homme que pour lui venir en aide. Mais rien de plus corruptible, et qui se conserve moins. La richesse, par elle même, est de peu : elle reçoit sa valeur du génie qui l'emploie, de l'héroïsme qu'elle sert, de la poésie qui lui donne l'illustration. » Apporter la guerre à cette race endormie, secouez-la par le fer ; elle souffrira, mais pour le salut et le réveil. Elle deviendra un peuple, elle aura un idéal, et de son sein surgiront de grands artistes.

C. — C'est que la beauté et la vertu ont entre elles une relation mystérieuse. Jamais les hautes passions de l'art ne palpitèrent dans un cœur vil. L'inspiration veut des âmes nobles. Or, la guerre est la grande école morale de l'humanité. L'exaltation suprême de l'homme par le sacrifice, voilà son œuvre ; quoi de plus saint, de plus bienfaisant ? Plus d'un penseur a été frappé de ce mélange extraordinaire, qui rapproche l'extrême désastre physique du plus évident profit moral. Notamment. Portalis, qui écrit cette pensée : « Résultat inévitable du jeu des passions humaines dans les rapports des nations entre elles, la guerre, dans les desseins de la Providence, est un agent puissant dont elle use, tantôt comme d'un instrument de dommage, tantôt comme d'un moyen réparateur. La guerre fonde successivement et renverse (comme le Jéhovah du Deutéronome), détruit et reconstruit successivement les États. Tour à tour féconde en calamités et en améliorations, retardant, interrompant ou accélérant les progrès ou le déclin, elle imprime à la civilisation qui naît, s'éclipse et renaît pour s'éclipser encore, ce mouvement fatidique, qui met alternativement en action toutes les puissances et les facultés de la nature humaine, par lequel se succèdent et se mesurent la durée des empires et la prospérité des nations ». Rien de plus net que cette phrase du grand juriste, en dépit de ses apparences vagues et pompeuses : la guerre, principe d'action pour les individus, par suite, de mouvement pour la nation qu'ils composent. En effet, la paix amène l'opulence ; avec l'opulence arrivent les plaisirs des sens ; avec les plaisirs, la paresse, la mollesse, les jouissances sans fin, l'énervement des caractères. Richesse, délices et platitude se tiennent. Ainsi la paix, qui s'annonçait comme une messagère de charité, apporte en réalité l'égoïsme ; sous son empire, on pensait voir fleurir toutes les vertus des citoyens : la corruption seule germe et pullule ; on pensait élever les âmes : on n'aboutit qu'à leur abaissement. La paix est donc immorale par essence. Mais vienne la guerre ; et dans cette masse appesantie, accablée, on sentira courir un sublime frémissement. Les hommes se lèveront, rajeunis, pleins de je ne sais quelle vie nouvelle, prêts à braver la souffrance et la mort. La guerre leur donnera le courage, la patience, le dévouement ; elle développera en eux toutes les mâles vertus ; elle les éprouvera par la douleur ; elle les trempera, comme la flamme trempe l'acier ; grâce à elle, ils parviendront d'un seul bond au plus haut degré de la valeur morale, au mépris de tous les soins vulgaires, à la mort sans peur et sans regret pour l'idéal de la patrie. Puissante discipline ! Merveilleux instrument de noblesse et de régénération ! Fléau, si vous voulez ; mais combien salutaire ! Flagellation sanglante et douce, comme celle d'un bon religieux, qui se sauve du relâchement par la souffrance. Férule de Dieu ! Telle est la guerre, et telle est sa providentielle mission.

Mais le bien ne réside pas seulement dans la morale. Il a un autre domaine, à la fois moins large et plus positif : le droit. Or, c'est encore par la guerre que le droit fait son entrée dans le monde. On a tort de reprocher sans cesse à l'homme d'État qui ne l'a jamais prononcée, cette fameuse maxime : « la force prime le droit ». M. de Bismarck avait dit tout autre chose : « la force précède le droit »; et le mot était profond. Il est manifeste, en effet, que nos droits les plus divers ont pour origine commune la force. Droits publics, droits privés, tout découle de cette source. Les droits publics ; car n'est-ce pas la conquête qui crée les États et qui fait les souverains ? Pas une nation qui se soit formée sans batailles ; pas une dynastie qui n'ait fondé sa légitimité sur la violence ; pas une démocratie qui n'ait pris pour base le principe des majorités, consécration éclatante de la raison du plus fort. C'est donc à l'aide de cette raison supérieure que les peuples instituent leur indépendance, les princes absolus leur droit divin, les démocraties leur droit constitutionnel. Passez maintenant de l'ordre politique à l'ordre civil ; vous y retrouvez la royauté de la force. Pour ne donner qu'un seul exemple, qu'est-ce donc que la propriété ? Comment s'établit-elle ? Où se trouve sa cause première ? Consultez la tradition de toutes les législations primitives ; au point initial, ici comme partout, le droit de conquête vous apparaîtra. Ainsi, à l'origine de tous les droits de l'homme, la violence ; à l'aube du droit, les ténèbres de la guerre ; l'ordre lumineux sortant du désordre obscur : telle est la loi. Ôtez la force ; vous supprimez la base de tout l'édifice ; le droit s'écroule. C'est qu'il existe, entre la force et le droit, comme une mystique alliance. Non seulement l'un procède de l'autre, mais tous les deux finissent par s'identifier. La justice d'en haut se manifeste, ici-bas, par les arrêts de la guerre, et le consentement universel des peuples accepte docilement ces arrêts. L'humanité a le culte de la force ; elle le respecte : car elle comprend que se courber devant elle, c'est se prosterner devant le droit immanent. Elle affirme donc spontanément, d'instinct, le caractère juridique de la guerre ; elle croit au soldat qui dit : « Dieu et mon épée » ; elle estime que Dieu se révèle en effet par cette épée, et elle adore le jugement de Dieu. L'histoire, affirme Hégel, est l'éternel *Dies iræ;* la nation victorieuse est toujours la meilleure ; son triomphe est la preuve même de son droit. De tout temps, l'humanité a eu cette pensée profonde. Elle a deviné vaguement, grâce au sens intime qui la guide, cette confusion supérieure du réel et du rationnel dans le succès ; elle a senti, à travers toutes les obscurités de la guerre, la main cachée du grand justicier ; elle s'est inclinée, sans chercher à trop comprendre. D'un mot, elle a adoré la force, parce qu'au front sanglant et serein de cette divinité mystérieuse, elle voyait l'auréole du droit.

On pourrait aller plus loin, passer du juste à l'utile, qui en est comme le prolongement distinct, mais direct ; on trouverait les traces bienfaisantes de la guerre jusque dans l'économie politique, qu'elle semble à première vue bouleverser. La transition serait logique ; car il serait aisé de faire voir, par le seul exemple du droit commercial, combien la guerre est féconde en œuvres utiles. N'est-ce pas elle qui a rapproché les peuples, qui les a mêlés pour le progrès, qui a brisé la formidable muraille civile et religieuse des cités antiques, qui les a ouvertes les unes aux autres, toutes à la vie et à la civilisation. Mais en voilà assez pour établir la grande fonction sociale de la guerre. Oui, cette terrible envoyée d'en haut a une mission providentielle dans le monde ; elle n'est absurde, laide et malfaisante que pour le penseur superficiel ; celui qui la sonde plus à fond découvre le sens mystérieux qui l'anime, et qui, par une soudaine transfiguration, la fait apparaître vraie, belle et bonne. Elle est vraie ; car la conscience intime de l'humanité, manifestée par la raison et par la foi tout ensemble, par la méditation des philosophes et par l'instinct profond des masses, proclame son caractère divin. Elle est belle ; car elle a enfanté l'art, et tous les hommes avouent son caractère esthétique. Elle est bonne ; car elle a trempé les peuples, fondé le droit et servi l'utile lui-même ; son caractère moral, juridique, économique éclate à travers toute l'histoire de la civilisation. D'un mot, elle est mère de toutes choses : mère des religions, mère de la poésie, mère de l'héroïsme, de la justice, de la vie sociale, mère de la paix. Il avait raison, le vieux songeur Héraclite : «Πόλεμος ματὴρ πάντων».

La guerre est divine ; de là son prestige. L'admiration obstinée des hommes la suit. Pourquoi ce sentiment tenace, s'il n'y avait là qu'un pur fléau ? Les hommes aiment-ils la peste, la grêle, les inondations, les incendies, les tremblements de terre ? Ils aiment la guerre : rien de plus certain. Voyez le respect religieux dont sont entourés partout, de tout temps, les grands héros de la force ; écoutez l'applaudissement formidable qui accueille les conquérants ; réfléchissez à ce culte universel des hommes pour ceux qui les mènent à la bataille, à cette reconnaissance des soldats pour les chefs qui les font tuer, à cette abdication des peuples entre les mains du général vainqueur qui revient, rêvant l'empire ; prenez tout cet ensemble de faits et de sentiments bizarres, et tâchez d'en expliquer l'éclatante folie sans faire intervenir le mystère ! De même, pourquoi la femme, juge naturel de l'homme, donne-t-elle toujours son cœur à l'homme de guerre ? Serait-ce uniquement par suite de cet instinct qui attire vers la force la faiblesse ? N'est-ce pas plutôt parce que le soldat, type du dévouement noble et du courage viril, résume en lui toute la dignité dont l'âme humaine est capable ? Pourquoi cet amour, qui ne laisse souvent que le respect à l'homme de travail ?

Pourquoi la foule, femme en ce point, veut-elle que son chef soit, non le plus juste, le plus doux, le plus laborieux, mais le plus brave ? Toutes ces questions s'éclairent pour qui voit dans la force une manifestation supérieure du droit. L'instinct belliqueux des peuples, leur dédain pour le rêve humanitaire, leur préférence pour l'idée nationale, leur vénération pour les puissants qui l'incarnent, toutes ces aberrations apparentes rentrent dans l'harmonieux plan divin. C'est que Dieu a fait l'homme pour vivre une vie brève, mais noble, d'une manière non pacifique, mais héroïque, non matérielle, mais spirituelle avant tout, non dans l'isolement du vaste monde, mais au sein d'un groupe social dont l'estime soutient son courage, dans un petit pays doué d'un haut idéal, digne d'arracher ceux qui l'habitent à l'égoïsme individuel, pour attacher toutes les puissances de leur esprit et de leur cœur, tous les dévouements de leur libre volonté à la grande œuvre nationale. Ce sentiment est dans la conscience obscure de tous les peuples qui composent l'humanité ; la Providence l'a mis en eux, et, en dépit des sophismes pacifiques, ils le gardent. Les hommes aiment la patrie, et ils adorent la guerre, parce que la guerre est comme le souffle vital et l'âme même de la patrie.

II. Antithèse : *Critique de la Guerre.*

Telle est, pour beaucoup de penseurs, la philosophie de la guerre. On ne nous reprochera certes pas d'avoir affaibli leurs arguments. Tout au contraire, nous les avons développés, fortifiés, groupés logiquement, de notre mieux, afin de les rendre aussi énergiques et aussi vivants que possible. Cela dit, nous pouvons exposer l'opinion adverse, celle des amis de la paix, sans crainte de présenter leur système comme un assaut contre des moulins à vent. Les partisans de la guerre ont des arguments sérieux ; il s'agit de leur opposer des objections péremptoires. Reprenons le classement tripartite que nous avons adopté ; nous allons voir que les amis de la paix ont en effet réponse à tout, et qu'au besoin ils savent rendre coup pour coup à l'adversaire. Ils vont soutenir, en effet, que la guerre possède réellement tous les caractères opposés à ceux dont l'ornait la théorie précédente : dans l'ordre du vrai, un caractère non point philosophique et religieux, mais au contraire absurde et impie ; dans l'ordre du beau, un caractère non point esthétique, mais affreux ; dans l'ordre du bien, un caractère non point moral, juridique, utile, mais immoral, violent et malfaisant.

A. — D'abord, un caractère absurde. Inutile d'y insister longuement. La prétendue divinité de la guerre n'est qu'un mythe ; la soi-disant philosophie qui l'affirme n'est qu'une théosophie enfantine ; il est temps de mettre un terme à cette vénération primitive des hommes pour tout ce qui dépasse leur esprit borné. Les peuples ont entouré la guerre de nuages ; ils l'ont enveloppée de toutes les séductions vagues que concevait leur imagination ; ils l'ont placée inconsciemment dans les arcanes du mystère. Il faut l'en tirer, l'arracher à ce clair-obscur trop favorable, la traîner au plein jour de la raison. Alors elle apparaîtra dans sa nudité froide et laide, et on cessera de l'admirer. Car elle n'a rien de surhumain ; elle n'est que bassement humaine. Son mystère est faux. Vous prétendez que, l'homme étant donné avec son intelligence, son bon sens, ses affections sympathiques, la guerre ne peut s'expliquer logiquement ; vous soutenez que, s'il n'était poussé par une force invisible, il ne pourrait avoir l'idée de partir au premier coup de tambour, avec des chants aux lèvres et dans le cœur l'allégresse, pour égorger son frère qui ne l'a pas offensé ; vous concluez de là au rôle surnaturel de la guerre, à sa mission d'en haut, à son caractère divin. Théorie incomplète, qui néglige visiblement tout un côté de la nature humaine. En effet, cette misérable nature, toujours inquiète et tourmentée, ne se compose pas seulement de hautes pensées et de bons sentiments ; les passions violentes y ont, elles aussi, leur place. De là ces mille collisions qui heurtent frères contre frères, individus contre individus, sociétés contre sociétés. Tout s'explique, pour qui considère l'homme, non dans les seules élévations de son esprit et de son cœur, mais aussi dans leurs abaissements inévitables, bref dans l'entière compréhension de ce chaos agité qui est en lui. Qu'est-ce qui met aux prises les individus dans leurs rivalités sourdes, leurs querelles ouvertes, leurs duels ? L'intérêt, l'amour, l'ambition, la vanité surtout ; car c'est encore le sentiment qui domine parmi les émotions dérisoires des pauvres insectes humains. Prenez toutes ces passions, ces désirs, ces haines, ces appétits voraces, insatiables de propriété, d'estime, de pouvoir; amassez-les en un groupe nombreux, multipliez-les par un chiffre de trente ou quarante millions, pétrissez-en une nation, et songez à l'énergie grandissante, à la résultante prodigieuse qui fait de ces mille mouvements individuels la passion suprême, la haine d'un peuple. Après quoi, étonnez-vous que la guerre existe !

Ainsi, l'analyse lucide des choses fait de la guerre un phénomène très simple, qui se dissèque et s'explique clairement. A une philosophie fataliste, elle oppose la saine doctrine de la liberté. Elle restitue à l'homme sa responsabilité, à la guerre son insanité, et remet ainsi tout en sa place. Que va penser la foi de cette critique rationnelle ? Que va dire le sentiment religieux ? Il approuve. Il dénonce les religions à la religion, Jéhovah et Teutatès à la Providence. Il considère l'apologie de la guerre comme un blasphème; et avec raison. En effet, comment admettre que Dieu lui-même ait armé les hommes pour des tueries mutuelles ? Comment penser que l'Être absolu, qui n'avait nul besoin du monde et qui l'a engendré, comme dit

Platon, par amour, ait pu y établir la haine ? Non ; il a donné à sa créature élue la liberté, pour le mal comme pour le bien ; à elle d'en user pour le bien, contre le mal. Sans doute, on peut se demander, en dernière analyse, pourquoi Dieu a permis le mal, partant la guerre, qui en est le plus sinistre aspect ; problème terrible ; la métaphysique n'en a point de plus ardu, et nous ne pouvons le traiter ici. Mais il est certain que, si l'humanité ne peut éviter tous les fléaux, la guerre, à tout le moins, dépend presque toujours de sa volonté. On n'empêche pas la grêle de s'abattre ; on n'enchaîne pas la tempête ; on n'étouffe pas un volcan ; on est libre de ne pas faire la guerre. C'est dire qu'il est impie de la reprocher à Dieu. Combien plus, de l'en remercier. Pourtant, les hommes ont cette audace. Avant la bataille, les prières, les jeûnes, les bénédictions de drapeaux ; après la victoire, les *Te Deum*. De telles cérémonies sont indignes de la religion chrétienne ; elles s'expliquaient dans l'ancienne Rome ; dans la Rome nouvelle, elles deviennent lugubres. Certes, Jésus ne les bénirait point ; car elles reviennent à prier le Père céleste d'établir l'injustice dans sa famille de la terre, de partager ses enfants en deux groupes pour sacrifier le premier au second, l'un destiné à recevoir la rosée de ses bienfaits, l'autre à fléchir sous l'ardente pluie de fer. Etrange folie des hommes, qui osent demander cette chose à leur Dieu ! Faiblesse coupable des ministres qui l autorisent, oubliant qu'une telle concession aux superstitions populaires se tourne contre la religion elle-même ; car la force ne respecte guère l'idéal, les Attila n'ont point coutume de s'arrêter devant le sacerdoce qui supplie, et les boulets ne se détournent pas au moment de faire crouler les hautes flèches des cathédrales. La seule prière qu'appelle la guerre, c'est, avant qu'elle n'éclate, un suprême appel au Dieu de paix pour qu'il veuille bien détourner l'orage, après la lutte quand la grêle des balles a fait son œuvre, un *De Profundis* pour les deux peuples, parce que l'un et l'autre, le vainqueur comme le vaincu, ont de concert creusé la fosse commune où dort la fleur des deux pays.

B.— Le crime n'est jamais beau. De là un autre aspect, non moins sombre, de la boucherie humaine. Ses partisans la trouvent pittoresque ; ils admirent l'harmonieuse marche d'une armée qui s'avance sous le soleil ; ils ne sont pas moins éblouis par le sublime désordre de la mêlée. En tout cela, ils découvrent sans peine de splendides effets de lumière, des flots de sang pourprés, des corps à corps dramatiques, toute une poésie exubérante qui secoue l'imagination de l'artiste et lui inspire d'opulents tableaux. D'accord ; mais sous ces apparences séduisantes, il faut voir la triste vérité. La guerre n'est belle qu'à la surface ; enlevez le voile brillant qui la couvre : toute poésie s'évanouit. Car alors, sous l'armée splendide apparaît la meute bestiale ; sous la bravoure du soldat, l'ivresse féroce ; sous le coup hardiment porté, le deuil d'une mère ou d'un enfant ; sous l'uniforme, la plaie saignante ; sous l'acier clair, l'atroce souffrance ; sous la gloire, l'hôpital. Singulière beauté ! C'est qu'en toutes choses, il faut considérer la fin ; or la fin de la guerre n'est pas une revue, mais une bataille ; l'horreur du carnage est au bout. « Soldats, proclame Napoléon, après Friedland, en dix jours de campagne, nous avons pris cent vingt canons, tué, blessé ou fait prisonniers soixante mille Russes..... Vous rentrerez en France couverts de lauriers !... » C'est-à-dire : « Nous avons été pleins de haine pendant dix jours ; nous avons volé cent vingt instruments de mort, qui, d'ailleurs, avaient cassé bras et jambes à plus d'un pauvre Français ; nous avons versé le deuil, la douleur physique, la torture morale sur la tête de soixante mille hommes, que nul de nous ne haïssait, puisqu'il ne les avait jamais vus, et nous avons ainsi désolé héroïquement soixante mille familles ; c'est pourquoi, soldats, vous rentrerez en France couverts de lauriers ; ou, pour parler plus exactement, vous servirez de cortège à mon entrée triomphale, le jour où je reviendrai, portant vos lauriers sanglants comme une couronne : car je m'appelle Napoléon. » Voilà la vérité. Elle est laide.

C. — L'art doit donc jeter son anathème à la guerre ; car elle ne vit que d'une splendeur d'emprunt. Sa pâle figure est peinte, et de couleurs factices qui deviennent lugubrement grotesques au grand jour ; triste masque de courtisane. Que les artistes cessent de l'adorer, et qu'ils comprennent enfin combien la beauté morale est nécessaire à la beauté physique. Non, la guerre n'est pas belle, parce qu'elle n'est pas bonne. Elle est morne, dure et froide ; en elle, rien de vrai ne vit ; on sent qu'elle n'a pas les promesses de l'éternité, qu'elle est appelée à disparaître avec la nuit qui seule la protège, et que la lumière survenante chassera. C'est un vague linéament des vieilles ténèbres, flottant encore au matin des jours nouveaux, mais que la claire morale d'amour de la religion chrétienne fera évanouir comme un dernier vestige du passé. Qu'on ne célèbre plus ces prétendus dévouements, ces héroïsmes douteux, ces fleurs sanglantes écloses au souffle de la haine ; l'antique légende est morte ; nul ne la réveillera. Les vertus des guerriers sont maintenant devenues des mérites de malfaiteurs ; les héros d'autrefois sont les barbares d'aujourd'hui ; leurs exploits relèvent de la cour d'assises. La guerre est immorale ; rien de plus éclatant. En effet, qu'elle est la fin dernière, essentielle de la morale ? Le développement harmonieux de l'âme humaine. Or, prenez tour à tour les trois facultés maîtresses qui la constituent, selon l'ordinaire classification des psychologues, et voyez ce que deviennent, par la guerre, l'intelligence, la sensibilité, la volonté. L'intelligence ? Elle s'atrophie. L'affaissement cérébral des militaires est devenu proverbial ; à peine pourrait-on en excepter les officiers de certaines armes spéciales, qu'une forte culture scientifique a sauvés de l'abrutissement général. La sensibilité ? Elle se corrompt. Je ne parle même pas des mœurs de la caserne; on sait pourtant qu'elles ne sont guère favorables aux passions délicates du cœur. Mais considérez les effets les plus directs de ce lugubre métier : habitude de la destruction, accoutumance au carnage, dédain de la personne vivante ; partant, impassibilité, méchanceté, férocité ; Vitellius, coquin par nature, vient, quarante jours après un combat, flairer avec délices sur le champ de bataille les cadavres en putréfaction ; Germanicus, homme magnanime, dit Tacite, défend de faire des prisonniers ; Titus, prince clément, selon l'histoire, traite les Juifs vaincus par l'incendie, la famine et le crucifiement ; ainsi, à ce régime, les grandes âmes finissent par devenir pareilles aux petites, et la guerre, fatalement, les égale dans un commun abaissement. Abrutissement en temps de paix, cruauté en temps de guerre : voilà l'éducation militaire de la sensibilité. Et la volonté ? Elle se perd. Le soldat abdique sa dignité d'homme ; plus d'initiative ; plus de liberté ; il devient un rouage dans une machine ; obéissance au commandement, qui reproduit le manuel ; départ du pied gauche, ou du pied droit, selon l'occasion, par ordre ; sinon, grave infraction à la discipline ; application du Code pénal militaire ; de quoi s'avisait ce numéro de remuer ses jambes comme un être libre ! Ainsi, la volonté disparaît, comme la sensibilité, comme l'intelligence. Après quoi, tambourinez encore les grandeurs de la vertu militaire ; ce battement est funèbre ; il annonce l'enterrement d'une âme, qui était née pour la vie de la pensée, de l'amour et de la volonté.

Ce que la guerre a ravagé dans le sanctuaire de l'âme humaine, elle ne peut le laisser debout au milieu de la société. Le naufrage de la vie intime entraîne celui de la vie publique. Avec la morale, le droit sombre. Engloutissement fatal et prévu. « La guerre, c'est le meurtre, dit Emile de Girardin ; la guerre, c'est le vol. C'est le meurtre, c'est le vol, enseignés et commandés aux peuples par leurs gouvernements. C'est le meurtre, c'est le vol, acclamés, blasonnés, dignifiés, couronnés C'est le meurtre, c'est le vol, moins le châtiment et la honte, plus l'impunité et la gloire. C'est le meurtre, c'est le vol, soustraits à l'échafaud par l'arc de triomphe. C'est l'inconséquence légale, car c'est la société ordonnant ce qu'elle défend, et défendant ce qu'elle ordonne ; récompensant ce qu'elle punit, et punissant ce qu'elle récompense ; glorifiant ce qu'elle flétri, et flétrissant ce qu'elle glorifie : le fait étant le même, le nom seul étant différent. » Rien de plus vrai. La guerre est comme le grandissement sinistre de tous les délits du Code pénal. Elle est l'assassinat élargi par l'agression en masse, la conquête étendant le rapt, l'atteinte prodigieuse à tous les droits de la personne sans défense sociale, à la propriété, à la famille, à l'honneur, à la vie, à la liberté. Le devoir du juriste est donc de condamner cet état de fait qui viole le droit. Le respect de la personne humaine, voilà la seule base de toute justice ; c'est la règle entre individus ; ce ne peut être l'erreur entre groupes sociaux. Transportez les principes du juste, du droit national au droit des gens ; ils ne changeront point de nature. Le prétendu droit de guerre n'est qu'une absurde exception au droit commun des modernes ; l'admettre, ce serait submerger toutes les conquêtes de la science juridique sous l'envahissement du désordre. On peut accepter, à la rigueur, un certain « droit de la guerre », bien que de tels mots jurent entre eux ; le « droit de guerre », jamais ; car la guerre n'est pas le droit. Tout au plus peut-elle devenir un moyen de le protéger lorsqu'une attaque sans cause le menace ; en ce cas, les nécessités de la légitime défense permettent et commandent d'y recourir ; mais hors de là, rien ne l'autorise. Qu'on ne cherche donc pas à justifier la force, en prétendant qu'elle a créé le droit ; car au contraire, elle l'a toujours combattu, et elle le nie aujourd'hui encore. C'est seulement sur les ruines des armées que le règne de la justice pourra se fonder dans l'avenir.

Si la guerre trouble ainsi le droit, que dire de ses effets dans le domaine de l'utile ? Si la science juridique doit la flétrir, que peut en penser la science économique ? L'iniquité souveraine produirait-elle par hasard des résultats bienfaisants ? Ici, la réponse est trop facile. Chacun a lu les statistiques effroyables que les économistes ne cessent d'étaler aux yeux du public aveugle ; chacun connaît l'épouvantable passif des grandes guerres modernes, l'amoncellement prodigieux de cadavres et de millions qu'elles ont précipité au gouffre, les charges de cette monstrueuse paix armée qui écrase aujourd'hui l'Europe, la banqueroute qui la menace, et en attendant, cette dépense énorme qui atteint presque vingt millions par jour. « On a fait le bilan de la gloire, et on a trouvé que c'était un bilan de faillite » ; cette parole de M. Frédéric Passy résume toute la situation ; elle confirme l'ironique remarque d'un autre ami de la paix, Victor Hugo : « Les héros ont un ennemi ; cet ennemi s'appelle les finances. » Inutile d'insister. La vapeur dirigée, les machines substituées aux bras, le vol électrique de la pensée sous les mers, la parole portée au loin par un fil, l'image fugitive des choses fixée sur le papier en un fragment de seconde, l'asservissement de la foudre, de la lumière, de la force, la transformation mystérieuse des énergies naturelles l'une en l'autre, leur merveilleux transport à distance, toutes les étonnantes conquêtes de l'industrie, toutes les puissances de la matière agitée venant l'une après l'autre, comme des géants domptés, se mettre sous la main d'un enfant, ce souverain prodige, la nature esclave de l'homme, ce pur triomphe, cette jeune royauté, ne laveront pas le siècle qui s'en honore de cette honte : le culte de la guerre. L'homme a conquis par son intelligence tous les éléments, la terre, les airs, les eaux. C'est bien. Mais à cette heure, sur toute la terre, il prépare des chemins de fer stratégiques ; il brûle ses richesses pour fondre des canons ; il abat les forêts pour tailler des bois de fusils ; il oppose engin à engin, découverte à découverte ; Lebel contre Mannlicher, Mannlicher contre Vetterli ; la poudre sans fumée, bientôt suivie de la fumée artificielle ; les soldats en vélocipède ; les chiens espions qu'on dresse à la férocité pour remplacer les chiens sauveteurs de nos pères ; quelle ingénieuse activité ! Au sein des eaux, ce sont les torpilleurs, les bateaux sous-marins, tous les instruments des grands naufrages futurs. Pour les airs, on a inventé l'apprentissage militaire des oiseaux du ciel, les insectes messagers, les hirondelles postières, le régiment des abeilles ; par-dessus tout, on travaille à diriger les ballons ; on médite des cuirassés aériens qui pourront contenir une cinquantaine d'hommes, armés des fusils les plus nouveaux et emportant, comme lest, des sacs de dynamite ; imaginez la chute de ce lest infernal sur une armée ; représentez-vous le choc de deux flottes aériennes à deux mille mètres ; on n'a pas conquis le monde des airs qu'on songe déjà à s'y égorger. O sagesse humaine !

Donc, plus de doutes : la guerre est condamnée. Elle est absurde, affreuse, horrible, contraire au bons sens, au sens religieux, contraire à l'art, contraire à la morale, au droit, à l'économie sociale, contraire à tout ce qui est vrai, beau et bien. Ce n'est pas, comme on le prétendait, une mystérieuse messagère divine ; c'est un fléau, et rien de plus. Aussi, voyez comme les hommes s'en détournent. Peu à peu l'idée de patrie fait place en eux à l'idée d'humanité. Loin de chercher la guerre, ils l'évitent. Ils sont las de tuer, de se laisser tuer pour des prétextes futiles, de verser leur sang pour la gloire, qui est néant, de faire rouler des têtes pour l'amusement des grands, qui sont toujours à l'honneur sans avoir été à la peine : ces jeux de princes commencent à fatiguer ; on désirerait autre chose. Quoi ? La paix. Qu'on laisse tranquilles les humbles ; qu'on leur permette de travailler, de se développer librement, d'épanouir leur amour et leur pensée ; qu'on ne trouble plus leur pauvre existence pour le plaisir de quelques jeunes fous. Ils n'ont qu'un jour à vivre ; qu'ils puissent au moins le passer en paix. Qu'on ne leur prenne pas leur part de bonheur. Qu'ils aient leur place au soleil de Dieu. Voilà leur vœu, et ce vœu est légitime. Plus de frontières ; plus de sang ; assez de haines. Place à la charité ! Que toute la famille humaine s'unisse ; qu'elle s'aide elle-même ; qu'elle se défende contre les misères inévitables, sans y ajouter le fléau suprême, celui qui contient tous les autres, celui qui promène la mort, les maladies, les blessures, la faim, qui multiplie les souffrances des âmes, qui allume l'incendie, ravage les moissons, détruit les villes, ruine les peuples ; d'autres fléaux suffisent à cet office ; inutile de les y aider. L'humanité veut voir la fin de ces divisions qui l'exténuent ; comme le serpent mutilé du Tasse, elle se traîne péniblement après soi, *dopo se tira ;* puisse-t-elle enfin parvenir à rassembler ses tronçons épars ! Ce sera la fin de sa plus cruelle misère.

III. Synthèse : *Conciliation dans l'Histoire.*

Voilà les deux thèses en présence. D'après l'une, la guerre est une manifestation de Dieu ; la paix, une dangereuse utopie. D'après l'autre, la guerre n'est qu'un fléau ; la paix seule mérite l'estime des hommes. D'un côté, la guerre divine ; de l'autre, la guerre infernale. Où est la vérité ? Question délicate. En effet, sans cacher notre préférence intime pour la thèse des amis de la paix, nous ne pouvons nous dissimuler qu'elle est en certains points incomplète. Ses partisans, des hommes de cœur, ont les défauts de leur qualité maîtresse ; leur émotion les empêche parfois d'examiner froidement les choses, de peser le pour et le contre en toute impartialité, de faire à chaque phénomène sa part, d'être justes envers ce qu'ils regardent, à bon droit d'ailleurs, comme la suprême injustice. Dans leur légitime amour de la paix, ils calomnient trop volontiers la guerre. Bref, ils ne voient qu'un côté de la question, le plus important, il est vrai. Mais il ne faudrait pas oublier que l'idée adverse est soutenue par des philosophes de première valeur. Certes, ni Héraclite, ni Hegel n'étaient de faibles intelligences ; Héraclite a prévu, cinq cents ans avant Jésus-Christ, toute la philosophie physique de notre grand XIXe siècle, dont Hegel fut sans aucun doute le penseur le plus profond ; de tels noms méritent qu'on s'arrête aux systèmes qu'ils ont honorés ; leur supériorité générale s'impose, et ce n'est pas une médiocre présomption en faveur des vues particulières qu'ils ont pu avoir sur certains objets spéciaux. Quand on a de tels cerveaux contre soi, il faut craindre de se tromper, et ne rien affirmer à la légère. Dans ce cas, le meilleur parti n'est point de choisir brutalement entre les doctrines rivales ; mieux vaut tenter de les réunir, d'après le conseil de Platon ; « quand on me demande d'opter entre deux choses, disait-il, je fais comme les enfants, qui prennent les deux à la fois. » Excellente méthode, large, prudente, et dont l'usage épargnerait bien des injures inutiles aux frères ennemis de la pensée. Nous avons donc cherché, au point de vue de la guerre, une conciliation entre les deux systèmes opposés ; et finalement, il nous a paru que la synthèse était, non seulement possible, mais facile. Comment ? Par l'histoire.

A. — En effet, condensez d'une manière lucide les arguments de l'une et l'autre doctrine ; comparez-les ensuite en toute équité et bienveillance ; vous serez naturellement conduit à une observation générale fort simple : c'est que les partisans de la guerre regardent surtout le passé, tandis que les amis de la paix considèrent de préférence l'avenir. Or, il est clair que, suivant le côté de l'histoire vers lequel on se tourne, on aperçoit des aspects très différents : partant, on est conduit à des impressions tout opposées. En somme, les partisans de la guerre ferment les yeux aux clartés de l'avenir ; de là leur aveuglement, leur respect du fait accompli, leur dédain des rêves pacifiques. Par contre, les amis de la paix se refusent à une vue impartiale du passé ; de là, leur mépris injuste de ce passé, qui eut pourtant ses gloires, leur enthousiame hâtif, irréfléchi, pour des progrès qui voudraient être lentement mûris et préparés. Les uns ne voient que l'origine des choses ; les autres, leur fin. Les uns, la réalité passée et présente ; les autres, l'idéal futur. Les belliqueux vivent de souvenirs ; les pacifiques, d'espérances. Les premiers, idolâtres de ce qui fut, de ce qui est ; les autres, de ce qui sera. Tous ont tort, et tous ont raison. Il faut, pour les concilier en les jugeant, remettre les choses au point, à l'aide de l'histoire. Car sans l'histoire, la philosophie est une âme sans corps ; elle se perd dans le pur idéalisme ; elle erre dans le ciel. Il faut la ramener sur terre, lui faire toucher du doigt les reliefs matériels de la réalité palpable, l'obliger à vivre dans le monde objectif. Alors elle comprendra les choses d'autrefois, rendra justice à des luttes qui furent grandes, et s'inclinant devant l'irréparable, travaillera d'une manière plus sûre, plus digne aux revanches de la civilisation.

Le 23 Juin 1889, au Congrès universel de la paix, un vétéran de l'armée du bien, M. Franck, qui durant un quart de siècle a lutté pour le triomphe de la cause pacifique, s'écriait avec l'autorité de sa longue expérience intellectuelle : « Prenez-y-garde : en calomniant la guerre avec trop de parti-pris, sans aucune restriction, vous calomniez l'espèce humaine, qui a eu le malheur d'applaudir à la guerre, et en calomniant l'espèce humaine, nous perdons nos droits à sa confiance. » Il ajoutait : « Oui, la guerre, pour un temps, a été relativement bienfaisante. Pourquoi cela ? Parce qu'elle a mis l'ordre à la place du chaos primitif, l'autorité à la place de l'anarchie, la discipline à la place des conflits perpétuels des volontés et des passions individuelles, parce qu'enfin elle a fait une place au courage, à l'abnégation et à l'héroïsme au-dessus de nos faiblesses et de nos lâchetés ; voilà ce qu'a fait la guerre ; il faut le savoir, le comprendre, car sans cela, nous ne nous rendrions pas compte pourquoi la guerre a joui si longtemps d'un indiscutable prestige ; sans cela, nous ne pourrions comprendre comment la guerre a inspiré les premiers accents de la poésie, comment elle a pu être un objet d'admiration de la part des peuples, comment elle s'est associée aux premiers éléments d'organisation et de civilisation ; et ce qui a rendu inévitable le triomphe momentané et passé de la guerre, c'est qu'elle n'est pas ce qu'on veut imaginer et ce qu'on croit souvent dans un entraînement de générosité, mais de générosité superficielle ; ce qui a fait qu'elle a été longtemps si puissante, c'est qu'à la force, au courage et à l'héroïsme elle a ajouté l'intelligence ; la guerre est devenue un art, une science, la science qui suppose toutes les autres, surtout quand elle est représentée par ce que nous appelons dans notre langage moderne les armes savantes, quand elle est représentée par le génie, l'artillerie ou la marine militaire, la marine unie à la mécanique et à l'astronomie ». D'un mot, « la guerre a été la guerre ». Voilà la vraie philosophie de l'histoire, vraie parce qu'elle est juste.

Elle est quelque chose de plus : religieuse. En effet,

l'histoire, qui éclaire le développement philosophique des idées, projette aussi sa lumière sur l'évolution du sentiment religieux. Au point de vue philosophique, elle montre la guerre, jadis bienfaisante, nécessaire, par suite respectable, aujourd'hui nuisible, fatale au progrès, par conséquent prête à disparaître. Au point de vue de la religion, elle la fait voir successivement sainte et horrible, jadis sacrée, aujourd'hui impie. Dans l'ordre surnaturel, comme dans l'ordre rationnel, elle l'explique en la réhabilitant. Ne serait-il pas étrange, en effet, que Dieu eût permis tant de massacres sans quelque providentielle raison ? Les pacificateurs obstinés qui l'en accusent à la légère ne songent pas que leur manière de voir conduit au plus sombre fatalisme ; car elle emporte implicitement cette affirmation désolante que la Providence ne serait jamais intervenue dans la conduite du progrès humain. Herder le disait: « Celui qui a tout ordonné dans la nature, de telle sorte qu'une même sagesse, une même bonté, une même puissance règnent partout, depuis le système des mondes jusqu'au tissu d'une toile d'araignée, aurait-il donc abdiqué sa puissance, sa bonté, sa sagesse dans la direction des affaires humaines ; et, là seulement, procéderait-il par pur caprice, sans le moindre dessein! Non: ce plan existe, et c'est notre devoir de chercher à l'entendre » En d'autres termes, il faut justifier Dieu. Les religions s'y sont appliquées ; et c'est en quoi tel vieux dogme sévère, qui a proclamé la guerre purificatrice, est en réalité infiniment plus conforme au culte de la suprême bonté que tous nos systèmes humanitaires. Les peuples primitifs, inspirés, soulevés, grandis par la légende héroïque, devaient d'instinct remercier les dieux qui leur avaient envoyé ce bienfait. Ces actions de grâces étaient sages ; elles méritent, non pas le dédain, mais l'approbation des esprits sensés. C'est la guerre qui avait trempé l'enfance errante de ces peuples, qui les avait développés et mûris, qui leur avait donné une âme : en la célébrant, ils ne faisaient qu'exprimer leur reconnaissance ; rien de plus juste et de plus naturel. Mars, Pallas, Bellone, cette terrible trinité s'imposait fatalement à leur culte ; et ce culte était saint. Mais après cette primitive formation, la guerre est devenue inutile ; en même temps, une religion nouvelle a succédé à celle des cités antiques ; cette religion condamne la guerre nettement. Avec raison ; car s'il était juste de l'exalter jadis, quand elle était bienfaisante, il n'est plus permis de la défendre, maintenant qu'elle est sans objet. Le Christ paraît, et sur son berceau les anges chantent l'hymne pacifique. Ce Dieu d'amour délivre l'humanité des traditions de mort qui pesaient sur elle. Il désarme les divinités farouches des vieux âges, et inaugure une ère de paix. Le nouveau culte brise la loi de haine, extermine les divinités poliades, ouvre les cités, appelle à lui tous les hommes, travaille au bonheur de tous les peuples, sous la protection d'un Dieu unique et commun. Bref, il intronise pour toujours l'idée de charité dans le monde. Désormais, elle n'en sortira plus ; et quand la grande Révolution française paraîtra, apportant comme un renouveau de l'idéal évangélique qu'elle pensait follement détruire, elle aura aussi des promesses de paix pour l'humanité rajeunie. « La révolution moderne, dit éloquemment Lamartine, appelait les Gentils comme les Juifs au partage de la lumière et de la fraternité. Aussi n'y eut-il pas un de ses apôtres qui ne proclamât la paix entre les peuples. Mirabeau, Lafayette, Robespierre lui-même, effacèrent la guerre du symbole qu'ils présentaient à la nation. Ce furent les factieux et les ambitieux qui la demandèrent plus tard, ce ne furent pas les grands révolutionnaires. Quand la guerre éclata, la révolution avait dégénéré ». Ainsi, dans les temps antiques, une religion de guerre, sainte comme la guerre primitive elle même, institutrice de l'humanité ; depuis l'ère de grâce, une religion pacifique, sainte comme la paix dont le règne arrive. Les prêtres des vieux âges tiennent en main le glaive ; ceux des temps nouveaux, le rameau d'olivier. Tous rendent au divin un juste hommage ; car les uns et les autres, dans la variété de leurs symboles, le remercient d'un réel bienfait. Au reste, la nouvelle religion ne supprime pas la guerre ; elle la transforme. Elle prend l'homme, désormais accoutumé à vivre d'une vie spirituelle, et détourne contre lui-même l'activité guerrière qu'il dépensait au dehors. Jésus proclame qu'il est venu apporter, non la paix, mais la guerre au sein du monde. Sublime révélation ! Car soudain, la lutte change de face ; elle n'est plus dirigée contre un ennemi extérieur : c'est à l'adversaire intime qu'elle s'attaque, dans le vaste champ de la conscience. Le Christ maudit les combats sanglants qui mettent aux prises l'homme avec l'homme. Il inaugure la bataille épique de l'homme contre son propre cœur. Le doux Jésus apporte une guerre nouvelle : la guerre aux ténèbres intérieures, que va mettre en fuite une divine lumière d'en haut, la guerre à l'éternel démon qui se dérobe sous ses mille métamorphoses, la guerre à toutes les lâches passions, à la colère, à la haine, à la vengeance, la guerre à l'ombre, à l'hypocrisie, à la nuit, la guerre au sépulcre, la guerre à la mort, la guerre au mal, la guerre à la guerre !

B. — Ainsi, dans l'ordre de la foi, comme dans l'ordre de la raison, la conciliation des deux tendances est possible. Même synthèse historique dans l'ordre de la beauté. Comme la vérité, l'art est relatif ; il change d'aspect avec le progrès des siècles ; il n'avance qu'en se transformant. Aux âges héroïques, l'idéal guerrier : aux temps nouveaux, un idéal pacifique. Les amis de la paix ont tort de condamner d'un mot, en bloc, toutes les peintures de batailles, comme ces moralistes farouches qui voudraient jeter au feu certains chefs-d'œuvre de l'art païen. Autres temps, autres mœurs. Mais les chantres de la guerre se montrent plus fanatiques encore, lorsqu'ils prétendent que, sans elle, l'art finirait. La guerre, disent-ils, est la grande source des puissantes inspirations ; elle met en jeu toutes les passions, tous les mouvements, toutes les énergies ; d'où une éclatante opulence de belles lignes et de belles couleurs offertes à l'imagination de l'artiste. Otez-la ; que lui donnerez-vous en échange ? C'est un trésor qu'il faut garder. A quoi on peut répondre, d'abord, que l'incendie est encore plus rouge, la peste plus riche en tons verdâtres, l'inondation en mobiles reflets ; ensuite, que les amateurs de batailles seraient peut-être moins charmés s'ils les voyaient autrement qu'en peinture. Mais en vérité, l'art serait-il assez pauvre pour mendier à la guerre son pain ? La civilisation moderne le laisserait-elle insensible ? N'aurait-il qu'une source d'inspiration, la plus triste ? Serait-il impuissant, devant ces horizons qu'éclaire de ses premiers feux l'aurore nouvelle ? L'horrible est beau ; soit ; le beau serait-il laid ? Non ; la guerre peu à peu s'efface, et avec elle doit s'éteindre l'art guerrier. On ne conserve pas des fléaux pour les besoins d'une description colorée ; la boîte de Pandore n'est pas l'accessoire indispensable du peintre ; inutile de propager la lèpre, par cette seule raison qu'elle a fourni à une âme délicate et tendre le portrait d'un touchant lépreux. La poésie héroïque a été grande ; la poésie pacifique le sera ; une société nouvelle enfantera de nouveaux Homères, épiques comme l'ancien, quoiqu'en un sens opposé. Certes, la peinture a bien fait de glorifier les courageuses mêlées de nos ancêtres ; mais les immenses tueries du temps présent, où ne règne plus la valeur loyale, où la matière seule déchire des masses inconscientes, sont indignes de ses pinceaux. Que la sculpture laisse aux commençants de l'école le jeune guerrier traditionnel, avec son casque grec et son classique bouclier, tous instruments un peu passés de mode ;

qu'elle taille dans le marbre une figure plus noble et plus vivante, celle du travailleur qui se repose dans sa force, conscient de sa mission utile et de sa moderne royauté. Que la musique cesse de faire courir ses fugues savantes à travers des chœurs de soldats qui n'ont jamais su que chanter faux : de nouvelles harmonies l'appellent ; Beethoven a composé la « symphonie héroïque », c'est vrai ; mais il a écrit plus tard « l'hymne à la paix », et cette œuvre géniale vaut bien sa sœur guerrière. L'humanité est en marche : que l'art la suive ; bien mieux, qu'il la précède et l'entraîne. Ce sera sa gloire et son rajeunissement.

C. — C'est que le bien seul est beau. La guerre perd son charme à mesure que sa moralité disparaît. Autrefois, elle ennoblissait l'âme humaine ; elle la fortifiait par le courage ; elle l'élevait par la générosité. La fière rencontre de deux petites troupes vaillantes mettait en jeu toutes les vertus de l'homme ; le corps-à-corps était loyal ; du choc des épées jaillissait une pure lumière. Mais les formes de la guerre ont changé ; c'est par centaines de mille que les hommes ont marché les uns contre les autres ; ils se sont tués de loin, sans se voir. L'échange de projectiles invisibles a remplacé le duel direct ; à l'arme franche, qui attaquait en face, a succédé le fusil vague et lointain ; le canon a visé froidement, par derrière, l'ennemi qui ne s'attendait à rien. Plus de courage ; partant, plus de vertu dans la guerre. En se transformant, elle s'est condamnée elle-même. Elle s'est amoindrie en valeur morale de tout ce dont elle se grandissait en étendue matérielle. Il ne faut donc, ni la flétrir en bloc, l'englober tout entière dans un mépris absolu, comme font ses adversaires outrés, ni la glorifier sans distinctions, comme font ses imprudents apôtres. Son caractère présent ne mérite pas cet excès d'honneur ; ses bienfaits dans l'âge héroïque ne méritent pas cette indignité. Ici encore, l'histoire concilie tout ; et de cette synthèse résulte une leçon utile. C'est que, puisque la lutte a jadis élevé l'homme, puisque d'autre part la guerre l'abaisse aujourd'hui, il faut détruire la guerre en conservant la lutte. Lutte contre quoi ? Contre la nature. La religion a supprimé, en principe sinon en fait, le sacrifice sanglant de l'homme par l'homme ; elle l'a remplacé par un sacrifice plus grand, plus haut, tout spirituel, qui est celui de l'homme par lui-même. Pareillement, la morale indépendante doit condamner le conflit des forces humaines entre elles, mais sans détruire le principe utile qui le vivifiait autrefois ; il suffit d'en changer l'application, de diriger ses énergies contre un objet légitime. Ne cherchons pas, disait Bossuet, à arrêter les passions humaines *de droit fil ;* contentons-nous de les dériver habilement vers un but moral et utile. Ce sage conseil indique très bien la métamorphose logique du principe de lutte dans l'humanité. Le mouvemement que la guerre lui a donné, elle le continue par l'industrie ; ses facultés viriles, développées par les batailles d'autrefois, s'emploient maintenant au travail ; le courage laborieux succède à la vertu guerrière. Divine métamorphose, qui ne laisse en péril aucune des puissances morales acquises : l'élan, la patience, le dévouement, l'héroïsme même : car l'explorateur qui va chercher la mort dans le centre de l'Afrique, l'ingénieur qui brave la fièvre pour dessécher un marais, le mécanicien qui se fait tuer, simplement, sur sa locomotive, l'inventeur qui se ruine pour découvrir une idée, le publiciste qui use peu à peu son cerveau à la défendre, tous ces vaillants, tous ces martyrs du progrès ne sont-ils pas des héros antiques ?

Même évolution dans le droit. L'amoindrissement de la guerre y apparaît proportionnel au développement du sentiment juridique. A l'origine, partout la guerre privée. L'homme se défend lui-même contre qui l'attaque, se venge lui-même lorsqu'il a été lésé ; point de tribunaux ; que chacun se fasse justice ! Mais bientôt les groupes sociaux s'organisent ; une autorité publique se forme ; elle s'interpose entre les citoyens. Inutile de retracer toutes les phases de ce long progrès, aujourd'hui banal, qui, parti de la simple vengeance privée, passe successivement par la réglementation de cette vengeance, pourtant maintenue, par le combat judiciaire, par le wergeld, puis par la vengeance publique, et arrive enfin à cet épanouissement tardif : la société interdisant la vengeance, bien plus, ne l'exerçant pas elle-même, mais punissant pour protéger les faibles et amender les violents. Magnifique déroulement, pour l'œil du juriste ! Mais quelles que soient les raisons intimes qui justifient tour à tour ce droit de punir, de bonne heure, chez tous les peuples et dans tous les temps, une révolution fatale s'accomplit : l'intervention de la puissance publique, substituant son autorité à celle des individus, et prenant en main l'auguste soin de la justice. Après la pure vengeance, le droit ; après le désordre, l'ordre ; après les moyens violents, les tribunaux. Le même développement se produit dans les relations des peuples. Seulement, ici, la difficulté s'augmente de tout ce grandissement terrible des passions humaines qui se multiplient les unes les autres au sein d'une vaste masse collective ; un formidable obstacle se dresse : la haine, pétrie en un puissant bloc social, consciente de sa force et rebelle au droit. Pour briser cette révolte de chaque nation insurgée, l'effort des siècles est nécessaire. Lentement, les grands juristes travaillent à cette dure besogne ; ils tentent de rapprocher les peuples, de rendre la guerre plus douce et la paix plus ferme ; ils préparent l'avènement d'un idéal juridique entre les nations. Peu à peu, le droit des gens émerge des antiques ténèbres, et monte à la lumière ; le domaine du juste s'élargit et s'éclaire ; des petites régions nationales où il s'était si péniblement formé, le droit s'élève à une sphère plus grande et plus haute, générale, humaine, universelle. Seconde évolution, plus tardive que la première, parce qu'elle la suppose et lui succède. Cette simple esquisse historique renferme toute la conciliation de la guerre et de la paix dans le droit. Non, la guerre n'était pas absurde à ces époques primitives où, l'ordre privé n'existant pas, l'ordre public international ne pouvait se faire. Non, elle n'est pas légitime à l'heure présente, parce que, le droit s'étant constitué dans chaque peuple, il doit maintenant se former dans les rapports des peuples entre eux. La justice internationale est pour ainsi dire suspendue à la justice privée ; sous le règne de la guerre privée, la guerre internationale se justifiait ; la paix privée une fois établie, la paix internationale s'impose ; à la guerre fatale succède la paix nécessaire. Ici encore, les théoriciens de la paix calomnient le passé ; ceux de la guerre, l'avenir; l'histoire les ramène tous à la juste mesure, en montrant comment le droit de la force, explicable à l'origine, doit aujourd'hui s'effacer et disparaître devant la force du droit.

Terminons cette synthèse ; contemplons une fois de plus la manifestation du bien dans l'utile, qui en dépend d'une manière si étroite sans toutefois se confondre avec lui ; nous allons voir qu'en économie politique comme en morale, comme en droit, les deux thèses opposées se réunissent. En effet, que font les partisans de la guerre, pour sa justification économique ? Ils considèrent ses origines, et célèbrent sa mission providentielle dans le rapprochement des peuples. Et ses adversaires ? Tournés vers le monde actuel, ils déplorent le triste état où elle l'a plongé. En quoi les uns et les autres raisonnent fort bien ; seulement, le point de vue diffère ; que diriez-vous de deux individus qui, considérant ensemble un même tableau où l'on aperçoit, au premier plan une lande aride, dans le lointain une prairie verte, et n'ayant d'attention le premier que pour la lande, le second que pour la prairie, prétendraient ensuite, l'un que dans ce pays il n'existe que des landes, l'autre qu'on n'y voit que des prairies. Les choses complexes veulent être jugées d'ensemble. La guerre a été utile jadis, parce qu'elle a établi, dans l'immense mêlée des peuples, les grands courants commerciaux, comme des rivières qui transportaient la richesse à travers le monde ; elle est nuisible aujourd'hui, parce qu'elle est devenue un fleuve terrible qui submerge la civilisation, dévaste les moissons humaines, ravage l'Europe, et promène de toutes parts la ruine dans le champ qu'elle fécondait autrefois. Elle avait rapproché les peuples ; elle les sépare. Elle avait démoli les vieilles murailles des cités ; elle élève partout des barrières. Elle avait favorisé le libre échange ; elle l'entrave. Elle était une arme de progrès qui maintenant se retourne contre qui veut la tenir : elle blesse celui qu'elle devrait servir : c'est au rebours de son objet premier qu'elle fonctionne. Donc, respectons ses services passés, et supprimons-la.

Ce n'est pas qu'elle soit, aujourd'hui encore, dépourvue de toute utilité : souvent le bien sort du mal, et la guerre produit de vraies merveilles pacifiques. Exemple : l'essor de la métallurgie. Il est incontestable que la cause en est dans le long duel de ces deux puissances des mers : le canon d'attaque et la cuirasse de défense. Autrefois, tout navire avait sa coque en bois ; en 1822, au moment où la marine à vapeur naissait, le général Paixhans invente l'obus explosif ; aussitôt, on cherche à trouver un bouclier pour le vaisseau ; en 1854, lors de la guerre de Crimée, Napoléon III fait construire les premiers cuirassés, batteries flottantes dont le bois était couvert d'une épaisse armure de tôle. Mais on s'aperçoit bien vite qu'une coque de bois supporte mal la surcharge d'une cuirasse ; en 1855, on construit des coques de fer, plus rigides et plus légères. Par malheur, la même année, invention du canon rayé et de projectiles inconnus qui percent tous les blindages ; aussi, en 1865, on double l'épaisseur de la tôle, qui n'aura plus onze centimètres, comme au début, mais vingt-deux. Arrive la guerre de 1870 ; nouveaux canons, projectiles d'acier, poudres inédites surgissent ; pour y résister, on fait des blindages de cinquante-cinq centimètres, qui produisent souvent une surcharge de quatre millions de kilogrammes, et maintenant les constructeurs doivent mettre le navire en mesure de manœuvrer avec cet énorme poids mort. Mais voici venir des canons plus puissants que tous les autres ; les uns lancent, avec une vitesse de six cents mètres par seconde, des boulets d'acier plein qui pèsent huit cents kilogrammes ; d'autres, des obus de fonte qui éclatent dans la cuirasse protectrice elle-même, faisant jaillir de toutes parts une épouvantable mitraille, et allumant en un clin d'œil l'incendie. Il faut découvrir un métal capable de résister à ces assauts formidables ; les Anglais coulent de l'acier sur des plaques de tôle et passent le tout au laminoir ; les mines du Creusot fabriquent des aciers chromés, trempés à la glace, dont la plus mince lame semble invincible. Cependant le canon de Bange l'emporte encore ; il perce des plaques de fer d'un mètre ; à cette heure, la cuirasse reste impuissante devant lui ; mais, dans l'ombre, elle prépare sa revanche. La lutte se poursuit ainsi, brillante et ruineuse, merveilleuse et triste. Que prépare-t-elle ? Le progrès de l'industrie pacifique. C'est, en effet, aux savantes recherches de l'artillerie que nous devons le métal Bessemer, les alliages au manganèse ou au chrome, la prodigieuse production des hauts fourneaux, et toutes ces énormes pièces métalliques, dont la puissance n'a d'égale que leur infinie précision. Aujourd'hui, l'ouvrier manie des ajustages au centième de millimètre, qui eussent excité naguère l'admiration du physicien le plus minutieux ; d'où une véritable révolution dans l'art de construire, un élan extraordinaire donné à toutes les forces de l'industrie pacifique, aux chemins de fer, aux ponts, aux édifices, aux maisons des particuliers, aux machines agricoles ; pour cinquante mille tonnes d'acier employées en blindages par la marine militaire, l'industrie et l'agriculture en consomment cinq cent mille tonnes. Ainsi, l'officier du génie, inconsciemment, travaille pour l'ingénieur ; la guerre devient servante de la paix ; la lutte du canon et de la cuirasse aboutit à la tour Eiffel. Que conclure de ces étonnantes rencontres ? Admirer la guerre ? Non certes ; mais remercier Dieu. L'économiste peut maudire la démence des armements ; c'est son droit ; c'est même son devoir. Il n'en doit pas moins reconnaître franchement que le guerrier a fondé jadis l'union commerciale des peuples, et qu'en ce siècle même, comme un monstrueux instrument agité par une main providentielle, il a été le plus puissant artisan des industries mécaniques ; les calculs de sa haine ont préparé l'ère de fraternité ; ses efforts pour détruire ont construit un palais à la civilisation nouvelle. Donc, ne nous pressons pas d'accuser la Providence. Qui sait dans quelles ténèbres elle travaille ? Qui peut sonder l'infinie complexité des choses où sa bonté se révèle ? Qui peut la juger, dire par quelles voies détournées elle guide les phénomènes sociaux à leur fin, critiquer ses moyens d'action, opposer à ses desseins mystérieux la pauvre raison humaine ? Ici, comme partout, l'histoire est une grande maîtresse d'humilité et de religion. Dans un drame, tous les personnages n'expriment pas l'intime pensée du poète : il en est dont les discours immoraux arrivent à un effet salutaire ; la pièce veut être appréciée d'ensemble, sur l'impression générale qu'elle produit. Le monde est une grande scène ; Dieu est un grand poète ; il parle tour à tour sous le masque hideux de la guerre et sous le masque souriant de la paix. Les actes se succèdent, séculaires ; l'élite de l'humanité écoute et cherche à comprendre ; mais pour juger cette immense tragédie, qu'elle attende la chute du rideau !

Aussi bien, n'est-ce pas l'intime sentiment de la conscience universelle ? Au fond, les hommes n'aiment exclusivement ni la guerre, ni la paix elle-même. Les philosophes belliqueux prétendent que les peuples admirent la guerre, parce qu'elle est la suprême manifestation de cet idéal : la patrie. Les philosophes pacifiques soutiennent que les peuples adorent la paix, parce qu'elle est le principe vivant de cet autre idéal : l'humanité. Des deux côtés, il y a exagération, interprétation forcée du sentiment qui peut exister dans l'âme des masses, désir évident de voir les choses comme on voudrait qu'elles fussent, non comme elles sont. La vérité est que les hommes aiment à la fois la paix et la guerre. Seulement, à l'origine, ils préfèrent la guerre ; à l'heure présente, ils sont dans l'indifférence ; plus tard, bientôt peut-être (car de nombreux signes l'annoncent), ils se tourneront d'une manière définitive vers la paix. Cette évolution de la conscience humaine correspond précisément à ce développement réel qui, de l'incessante guerre primitive, passe peu à peu à la trêve armée d'aujourd'hui, pour préparer la véritable paix de demain. Aux temps antiques, les limites de la patrie sont tout l'horizon du citoyen ; défendre ces limites, obstinément, avec courage, voilà pour lui la suprême vertu ; c'est l'âge de la légende héroïque. Aujourd'hui, l'homme voit plus loin et plus haut ; au-delà des frontières, il devine l'innombrable foule de ses amis étrangers ; mais les vieux préjugés sont trop forts pour qu'il leur tende franchement la main, et il s'endort dans un mélange confus de rêves patriotiques et humanitaires. Il faut être peu psychologue pour soutenir qu'à l'heure présente les masses aspirent clairement au droit nouveau ; en réalité, leur état d'âme est tout autre ; on pourrait écrire un bel « essai sur l'indifférence » en matière de guerre et de paix. En vain les sociétés pacifiques cherchent à agiter la foule inerte : pour être de bonne foi, il faut reconnaître que le nombre de leurs membres est infime, que leurs congrès ne soulèvent pas l'enthousiasme populaire, et que le bourgeois ou l'ouvrier, lisant son journal, n'accorde pas une plus sympathique attention aux récits de leurs efforts qu'à la description des grandes manœuvres. En somme, les esprits flottent, hésitants, entre l'idéal de la patrie et l'idéal de l'humanité ; le mouvement pacifique existe ; mais le mouvement belliqueux n'est malheureusement pas moins certain. Pourquoi le progrès vers la paix ne prend-il pas un plus rapide élan ? Parce que les peuples ne sont pas encore arrivés à une conception assez lucide de ce qu'est la patrie, de ce qu'est l'humanité, et du rapport précis qui doit exister entre ces deux éléments de la vie sociale. Le patriote se rit de ce qu'il ne connaît pas ; l'humanitaire méprise ce qu'il n'a pas compris ; dans ces conditions, impossible de s'entendre. La sagesse consiste évidemment, non à opposer, mais à rapprocher l'humanité et la patrie, par suite de cette idée fort simple que l'unité du genre humain n'exclut pas la variété des nations. Inutile de définir la patrie : la petite patrie du Breton qui aime sa lande, du Provençal qui aime son soleil, du Parisien qui aime son clocher, c'est-à-dire les tours de Notre-Dame ; la grande patrie du Français qui aime sa glorieuse nation, terre de l'idéal généreux et de l'éternelle propagande lumineuse, universelle, fille de l'Église et mère de la Révolution. Pareillement, inutile de dire ce que c'est que l'humanité ; tout homme digne de ce nom le sent d'instinct. Ce qu'il faudrait, ce serait faire comprendre aux masses la conciliation aisée de ces deux idées maîtresses. Quand elles l'auront comprise, elles seront plus confiantes ; leur ignorance étant dissipée, elles verront nettement le but; elles marcheront dans la lumière. Alors le progrès reprendra son roulement avec une vitesse prodigieuse. Ce ne sera plus l'amour de la guerre, comme jadis : ni l'indifférence générale, comme à l'heure présente; ce sera l'amour de la paix, libre, net, conscient, sans faux scrupules, digne de la patrie mieux comprise et de l'humanité plus clairement désirée.

Résumons-nous. Dans l'esquisse qui précède, nous avons essayé de concilier cette thèse, la guerre, avec cette antithèse, la paix, et d'indiquer la synthèse historique qui rapproche ces deux éléments. Il nous a paru que, soit au point de vue du vrai, soit au point de vue du beau, soit au point de vue du bien, les deux phénomènes, irréductibles et obscurs pour qui les considère sous un jour purement logique, s'éclairaient en se rapprochant lorsqu'on les contemplait à la lumière de l'histoire. En effet, au point de vue du vrai, la guerre s'expliquait autrefois par des raisons providentielles qui la condamnent aujourd'hui : c'est ce qu'avoue toute large philosophie ; elle pouvait être jadis considérée comme un bienfait divin, tandis qu'à l'heure présente elle n'est plus qu'un usage impie : c'est ce que proclament les religions. Au point de vue du beau, elle était admissible à l'âge des légendes héroïques, alors qu'elle faisait jaillir toutes les vertus cachées de l'homme ; elle est laide, maintenant que ses formes nouvelles ont changé l'antique duel loyal en une hideuse boucherie. Au point de vue du bien, elle était morale, lorsqu'elle développait les trois maîtresses facultés de l'âme, l'intelligence, la sensibilité, la volonté ; elle est malfaisante, maintenant qu'elle les étouffe ; elle était juridique, lorsqu'elle se contentait d'appliquer dans le domaine international les conceptions du droit privé : elle est contraire au droit, maintenant qu'elle les nie ; elle était utile, lorsqu'elle fondait l'alliance économique des peuples : elle est nuisible, maintenant qu'elle la détruit.

Ainsi, la vérité, manifestée tout ensemble par la raison et par la foi, la beauté, manifestée par l'art dans ses floraisons variées, la bonté, manifestée par la morale, par le droit et confirmée par l'économie sociale, n'ont plus rien de commun, ou à peu près rien, avec la guerre ; c'est la paix qui, dans ces trois ordres essentiels, doit maintenant prendre sa place. Les peuples le sentent bien ; et voilà pourquoi, délaissant le vieil idéal patriotique, aspirant à un jeune idéal humanitaire, ils flottent aujourd'hui dans une sorte d'indifférence vague, d'où ils sortiront sans doute bientôt, grâce à une plus claire notion de la patrie, de l'humanité et des rapports qui unissent ces deux grandes forces. Alors la guerre disparaîtra ; ou plutôt, elle subira une dernière métamorphose ; dépouillée de tout ce qui la rend odieuse, elle ne subsistera que comme principe de lutte, vivifiant l'état pacifique, conservant en éveil les mille énergies de l'homme, soulevant des générations de héros, explorateurs, ingénieurs, savants, pacificateurs de toute espèce, secouant le monde par le travail, excitant les nations par une concurrence féconde, par la solidarité nécessaire des intérêts, par l'émulation du libre échange, par les justes fiertés de l'orgueil national, bref faisant concourir toutes les patries, dans leur diversité providentielle, à la souveraine et libérale unité du genre humain.

III. — SOLUTION.

Telle est, à nos yeux, la conception très simple qui permet de réunir, dans un système large et équitable, les partisans outrés de la guerre et ses trop sévères détracteurs. On le voit : si nous empruntons à Hegel certaines formes de raisonnement, nous sommes en réalité fort loin de son système ; car nous ne cherchons pas à concilier la guerre et la paix de vive force, en proclamant l'identité mystérieuse de ces deux idées contradictoires ; nous les rapprochons dans la succession des temps, et nous aimons à y admirer une évolution providentielle. La dialectique hégélienne n'hésite pas à assimiler les antinomies les plus certaines ; elle prétend, par exemple, que la lumière se confond avec l'obscurité, parce que l'obscurité seule peut rendre la lumière visible, sous la forme des couleurs, et que, seules, les ténèbres manifestent la lumière en permettant à l'œil de la distinguer ; cette thèse, la lumière, cette antithèse, les ténèbres, se réduisent à une synthèse harmonieuse, la couleur. De telles constructions, vagues et aériennes, ne séduisent guère l'esprit français ; avec raison ; car la lucidité est le principe de toute philosophie. C'est pourquoi, insistons-y, la synthèse que nous indiquons n'est point logique, mais historique. Elle absout la guerre dans les âges héroïques ; elle l'excuse même, jusqu'à un certain point, dans les temps modernes ; elle la condamne nettement pour l'avenir. Si nous avons jugé nécessaire d'établir une telle conciliation, c'est parce qu'elle nous apparaissait comme la base fondamentale de notre travail. En effet, les hommes les plus dévoués à la cause du droit, les penseurs les plus convaincus de la beauté juridique de l'arbitrage ont parfois des défaillances, des doutes intimes sur l'utilité, sur la légitimité même de leurs efforts. Ils rêvent la paix, ils désirent le règne du droit, ils appellent de tous leurs vœux l'épanouissement final de la justice ; et néanmoins, voyant contre eux le fait énorme, menaçant, qui se dresse, la guerre implantée sur cette pauvre terre comme un monument éternel, il leur vient un doute : Si pourtant ce fléau était divin ? Si c'était la verge bienfaisante de Dieu ? S'il y avait là une loi de l'humanité, une loi dure, mais une loi ? Si cette loi terrible était fatale, parce qu'elle est purificatrice, comme la souffrance, comme la maladie, comme la mort ?.... Nous avons connu ces doutes ; l'histoire seule nous en a pu délivrer, en nous montrant comment la paix et la guerre se conciliaient divinement en son sein. Il nous a donc semblé utile d'insister tout d'abord sur ce problème, de le discuter nettement, d'en indiquer à grands traits la solution, qui est apaisante pour l'esprit. Maintenant qu'aucun scrupule ne nous arrête, nous pourrons entrer avec une foi plus sereine dans le vif de la question. La guerre est aujourd'hui un fléau ; nous voulons la paix ; c'est notre but. Comment l'atteindre ? Par l'arbitrage. Désormais, la fin étant claire, le moyen sera plus facile à préciser et à définir.

Mais la synthèse que nous venons d'esquisser présente un autre intérêt, plus important : au point de vue de la méthode. Car que voulons-nous faire ? Etudier l'arbitrage, ce merveilleux instrument de droit, destiné à remplacer ici-bas l'état de guerre ou de trêve armée par un état juridique, ce moyen pacifique, encore trop peu employé, et dont l'idée pourtant se propage, ce puissant levier qui se forge seulement à l'heure présente, et qui soulèvera le monde à venir. Travail passionnant, mais délicat, et qui exige infiniment de prudence : car il ne s'agit point ici de dessiner de savants projets, de beaux plans rationnels, brillants sur le papier et inutiles en pratique ; il faut rester en contact avec l'état politique, économique, juridique du monde actuel, confronter sans cesse l'idéal au réel qui le contredit, et chercher, dans cette infinie complexité, dans ce perpétuel contraste de la logique et du fait brutal, les meilleures transactions possibles. D'un mot, il s'agit de concilier la théorie et la pratique. Or, les publicistes qui traitent de l'arbitrage tombent trop souvent dans l'un de ces deux excès : ou bien ils vivent dans le rêve, pensent dans le vide, tracent des projets irréprochables au point de vue de la raison pure, inapplicables aux groupes politiques que nous avons sous les yeux ; ou bien ils se laissent dominer par les réalités contemporaines, abandonnent les hautes spéculations juridiques, et, désespérant d'introniser le droit dans la vie internationale, ne songent qu'à la rendre plus douce par des tempéraments de praticiens. Les premiers ne parlent que de l'arbitrage pur, logique, idéal, considéré en lui-même, « in abstracto », sans lien avec les choses palpables ; les seconds entassent dans leurs écrits un amoncellement de considérations secondaires, désarmement, statistiques sur les armées permanentes, attaques contre les emprunts de guerre, questions du duel, de l'éducation, de l'unité des poids et mesures, déclamations de toute espèce qui, pour être généreuses, n'en finissent pas moins par étouffer l'idée capitale, l'idée juridique. Les uns oublient la réalité ; les autres se laissent écraser par elle. Le juste milieu consisterait à placer la théorie en pleine pratique, à ne point négliger les considérations de toute sorte qui peuvent préparer ou fortifier l'arbitrage, mais sans jamais cesser de maintenir ferme et haut le principe de droit qui domine toute la matière. Or, n'est-ce pas là précisément le conseil que l'histoire nous donne ? Elle nous met aux prises avec la réalité ; à la logique abstraite, elle substitue la vie concrète ; elle nous fait voir dans la guerre un phénomène très compliqué, non point absurde partout et de tout temps, comme le prétendent quelques-uns, ni fatal et éternel dans le monde, comme d'autres le soutiennent, mais à la fois divin et humain, sublime et odieux, utile et nuisible, par-dessus tout relatif, et changeant sans cesse d'aspects à travers le déroulement des siècles. Partant, elle nous enseigne qu'il faut tenir compte de bien des choses dans le problème de la paix, n'avancer qu'avec prudence et réserve, ne point vouloir tout renverser ni tout reconstruire en un jour, mais aller lentement, par voie d'évolutions habiles plutôt que de révolutions brusques, et sans prétendre métamorphoser d'un coup de baguette ou d'un trait de plume l'état moral et politique des hommes ; car le temps des bonnes fées est passé, et on ne rature pas en une minute un mot que les siècles ont écrit de leur sang. Il ne suffit pas de voir le but ; il faut considérer le point de départ, et bien mesurer la distance semée d'obstacles, si l'on veut passer avec méthode, à travers tous ces obstacles, du point de départ au but. Aussi l'Académie ne s'est elle pas contentée de proposer, vaguement, à l'étude des juristes ce magnifique sujet : « l'arbitrage international » ; elle a eu soin d'appeler leur attention, non seulement sur le « présent », centre agité de ce grand mouvement d'idées, mais encore sur ces deux lointaines perspectives qui prolongent l'époque contemporaine de chaque côté, avant et après, dans les siècles, d'abord sur son « passé », ce rude chemin du droit, si péniblement frayé, à travers tant d'obscurités et tant de luttes, puis sur son « avenir », cette vaste avenue sans fin, illimitée, lumineuse, ouverte.

Pour éclaircir cette question de méthode, qu'on nous permette une simple comparaison. M. de Brazza raconte qu'il procéda un jour, avec le roi Makoko, à une touchante cérémonie : l'enterrement de la guerre. Les chefs s'étaient réunis pour l'entrevue solennelle ; on fit dans un sol un grand trou ; on y jeta divers objets de combat : les noirs, des balles, de la poudre, des pierres à feu ; les blancs, des cartouches ; puis, dans cette terre où les symboles de la guerre gisaient, on enfonça les racines d'un jeune arbre, qui devait croître comme un vivant témoignage d'alliance et d'amitié. Remarquez qu'une telle cérémonie prouve un haut degré de raison chez ces sauvages ; évidemment, elle n'existait pas dans leur culte ; car la religion nationale d'un tel peuple est toujours fermée à l'étranger, dont la participation aux mystères sacrés serait un inconcevable sacrilège ; ces pauvres nègres avaient donc puisé l'idée, non dans quelque coutume inconsciente et vague, mais dans leur bonté et leur bon sens, comme une invention immédiate, vive, spontanée de leur raison et de leur cœur. Nous aspirons à imiter ces sauvages. Nous voulons creuser une fosse à la guerre, pour y planter l'arbre de la paix. Ce n'est pas en figure, c'est en réalité que nous voulons rendre nos armes à la terre, faire de nos canons des charrues, et enraciner pour jamais le droit dans le monde. L'arbre de paix, c'est l'arbitrage. Mais pour qu'il prenne pied dans le sol, pour qu'il y croisse et y grandisse, il faut le placer dans des conditions favorables, étudier le terrain, le climat, les vents, savoir quels sucs pourront le nourrir, quels rayons pourront colorer ses feuilles, quelles pluies pourront le rafraîchir, quels ruisseaux l'abreuver, quelle atmosphère le faire vivre, quelles tempêtes le secouer. Il ne sagit, ni d'étudier l'arbuste seul, nu, dépouillé, les racines lavées, comme ferait un botaniste, ni de le planter à l'aventure, n'importe où, les racines brisées, étouffées sous de lourdes mottes, comme ferait un jardinier maladroit : ce sont les deux erreurs que nous avions signalées, celle du pur spéculatif et celle du praticien ignorant. Il faut examiner l'arbre, puis observer le milieu, pour savoir de quelle manière l'arbre pourra s'accommoder au milieu. Grâce à ces précautions, il se développera, s'élèvera, puissant, robuste, beau comme un grand chêne, dressé sur son tronc fier, avec toutes les énergies de la terre dans sa sève, tous les frissons de l'idée dans son feuillage, immense et fort, pouvant lutter de ses bras géants et noueux contre la furie des ouragans, recevoir dans sa chevelure tous les souffles de la haine déchaînée, étaler sa masse touffue sous le ciel, étendre au loin ses rameaux innombrables, et à ses pieds protéger les brins d'herbe, les tiges délicates, les humbles plantes, tous les peuples faibles, toutes les fleurs fragiles et sacrées de la civilisation, toute l'humanité désormais abritée et défendue par le droit souverain contre les violences du fait.

Travaillons donc à cette œuvre pacifique. Nous connaissons le point de départ de son évolution dans l'histoire; nous distinguons clairement le but final; nous savons quelle méthode compréhensive il faut employer pour l'atteindre. Tâchons de concevoir un monde meilleur, plus grand et plus doux; efforçons-nous de préparer la paix, par la liberté, pour la justice; hâtons, s'il se peut, la sombre déroute de la guerre et de la mort, glorieusement mises en fuite, à la lumière d'un invincible matin, par le droit, qui est la clarté, la vérité et la vie. Mais n'oublions pas, dans cette recherche passionnée de l'idéal, les obstacles de la réalité présente : sachons unir la prudence au rêve, la pratique sage à la théorie pure ; surtout, ne soyons pas mesquins, et ne refusons pas à nos ancêtres l'admiration de ce qui fit leur noblesse. C'est ainsi que, respectueux du passé et de ses grandeurs, fiers du présent et de ses aspirations nouvelles, nous pourrons prévoir d'une manière plus libérale et plus sûre les progrès de l'incertain avenir.

MICHEL REVON.

Souscription en faveur du Bureau international de la Paix

Lorsque, plus tard, les esprits, débarrassés des préjugés qui les obscurcissent encore, jugeront plus sainement les choses, la création du *Bureau international de la Paix* apparaîtra, au point de vue moral et philosophique, comme l'un des faits considérables dont s'honorera le XIX° siècle. En effet, combattre la guerre, la miner d'abord dans l'opinion publique, la faire disparaître ensuite, est devenu une préoccupation de premier ordre qui s'impose à tous les amis de l'humanité. Avec la paix armée actuelle, avec la guerre en perspective, s'engloutissent les capitaux, se dilapident les forces vives des nations. Impossible alors d'atteindre à la stabilité, à la confiance en l'avenir, et de réaliser les réformes démocratiques fondées sur la justice que réclament les Peuples afin d'assurer à tous les êtres humains le bien-être matériel et intellectuel auquel chacun a un droit absolu.

Le Bureau international de la Paix, dirigé par des hommes de haute valeur et d'un dévouement à toute épreuve à la cause pacifique, concentre les efforts, les renseignements de toute l'Europe et de l'Amérique, leur donne la cohésion nécessaire, prépare les Congrès annuels de la Paix. Déjà il a rendu de grands services ; il est appelé à en rendre de bien plus grands encore. Mais, pour cela, il lui faut l'existence assurée par un capital dont les intérêts seront suffisants à ses besoins et lui permettront de prendre la plus grande extension.

Que tous les gens de cœur apportent donc leur obole à cette œuvre humanitaire !

Adresser les fonds, soit à M. Frédrick Bajer, membre du Parlement Danois, Président de la Commission du Bureau international de la Paix, 56, Korsgade 56, à Copenhague N, soit à l'une des sociétés de Paix de la Contrée, qui les fera parvenir à destination.

E. SARRAZIN,
Secrétaire-Trésorier de la Société de Paix
Décembre 1895. *du Familistère de Guise.*

Société Française pour l'Arbitrage entre Nations

29, rue de Condé, Paris

EXTRAIT DES STATUTS

Art. 2. — Cette Société a pour but de défendre et de propager le principe de l'indépendance des nations et de la justice internationale, principe dont la consécration pratique se trouve dans la substitution de l'Arbitrage et de toutes les autres voies conventionnelles et juridiques aux violences de la guerre.

Art. 4. — La Société se compose de membres fondateurs, sociétaires et adhérents. Sont fondateurs ceux qui donnent à la Société une somme de cent francs au moins. Sont sociétaires ceux qui acquittent une cotisation de dix francs. Sont adhérents tous ceux qui apportent à la Société leur nom et leur appui moral en lui faisant un don, si minime qu'il soit.

Fédération internationale de l'Arbitrage et de la Paix

Section Belge, rue Joseph, 11, 39, Bruxelles

EXTRAIT DES STATUTS

Art. 1. — Cette Société poursuit, en dehors de tout esprit de parti, la suppression de la guerre par la création entre les Etats de liens de droit qui assurent le règlement pacifique des conflits internationaux.

Art. 2. — La section se compose de membres effectifs, de membres protecteurs et de membres honoraires.

Art. 3. — La cotisation de membre effectif est d'un franc au moins par an, celle des membres protecteurs de vingt francs au moins par an; les membres honoraires ne sont astreints au paiement d'aucune rétribution.

Art. 4. — Sera admise, comme membre effectif ou protecteur, toute personne qui aura adhéré aux présents statuts et payé la somme fixée par l'article précédent. Le titre de membre honoraire pourra être accordé aux personnes qui auront rendu des services à la cause de la paix universelle.

Société de Paix et d'Arbitrage International du Familistère de Guise

EXTRAIT DES STATUTS

Art. 3. — La Société a pour but la propagation des idées de paix, d'arbitrage entre les nations, de désarmement général et l'étude des questions sociales qui se rattachent aux questions de paix.

Art. 15. — Elle pourra se fédérer avec les sociétés similaires existant, soit en Europe, soit en Amérique, de manière à étendre son action.

Art. 17. — La cotisation est de 0 fr. 10 par mois au minimum. Toute cotisation supérieure, acceptée avec reconnaissance, ne donne droit à aucune prérogative.

Art. 19. — La Société reçoit les dons qui lui sont faits, soit en argent, soit en livres ou autres objets. Les donateurs acquièrent le titre de membres honoraires correspondants.

LA LIGUE INTERNATIONALE

de la Paix et de la Liberté

fondée à Genève le 12 Septembre 1867, a pour but l'établissement de *La Paix par la Liberté pour la Justice.*

Elle préconise la formation d'une ou plusieurs Fédérations de Peuples libres, instituant des Tribunaux qui sustituent les décisions de la Raison et de la Justice aux violences de la guerre.

Actuellement elle poursuit particulièrement la conclusion de *Traités d'arbitrage permanent entre Peuples*, traités destinés à créer entre ces Peuples un lien de droit qui soit un premier pas dans la voie de l'organisation d'un *ordre juridique international*. La Ligue met sur le même rang et résout par les mêmes principes la question politique et la question sociale.

Maximes : *Subordonner la politique à la morale. Chercher le juste pour trouver l'utile.*

Bureaux de la Ligue et de son organe, *Les Etats-Unis d'Europe*, à Genève, 41, Boulevard de Plainpalais.

Saint-Quentin. — Imp. A. DUBOIS et Cie.